TAINÁ GUEDES

Die Küche der
ACHTSAMKEIT

MOTTAINAI: Nichts verschwenden, kreativ kochen, gesund essen

KUNSTMANN

Inhalt

Für meine Mutter,
meinen Vater und meine Schwester.

Für meinen Sohn,
meine Familie und meine Freunde.

Und für alle Menschen, die ich nicht kenne.

Für unsere Erde,
die Pflanzen und Tiere.

Möge dieses Buch dazu beitragen,
unsere Umwelt zu schützen und unsere
Gesellschaft zum Guten zu verändern.

Einleitung

Mottainai ist ein Wort, das sich schwer übersetzen lässt. Es bezieht sich ursprünglich auf ein Konzept aus dem japanischen Buddhismus und meint: reduzieren, wiederverwenden, wiederverwerten, aber gleichzeitig beschreibt es auch eine Art, seine Dankbarkeit zu zeigen. Und weil es so vielschichtig ist, habe ich mich entschlossen, dieses Buch über eine *Küche der Achtsamkeit* zu schreiben und darin von *Mottainai* zu erzählen und davon, wie ich dieses Prinzip beim Kochen und Essen umsetze. Denn dass ich diesem Begriff begegnete, hat mein Leben ganz grundsätzlich verändert: meine Art zu arbeiten und ganz generell meine Art, Dinge zu betrachten.

Ich bin in Brasilien aufgewachsen und habe sehr genaue Erinnerungen daran, wie das Land zunehmend industrialisiert wurde: Ich habe gesehen, wie die indigene Bevölkerung in Reservate verbannt wurde und die Flächen, die sie vorher bewohnt hatte, gerodet wurden. Die Zerstörung der Umwelt musste ich hautnah miterleben.

Das Thema der Verschwendung von Lebensmitteln war mir schon damals sehr wichtig. Es hängt eng zusammen mit dem Nachdenken über die Natur, über den Boden, unser Verhältnis zu Lebensmitteln und generell über unser Verhältnis zur Erde und zu den Menschen, die darauf leben. Das Konzept von *Mottainai* schließt all das ein und lässt sich in jedem Augenblick unseres Lebens anwenden, nicht nur wenn wir kochen oder unmittelbar mit Lebensmitteln umgehen, sondern auch wenn wir etwas einkaufen – oder wenn wir etwas wegwerfen.

Essen stand schon früh im Zentrum meines Lebens. Als ich 19 war, habe ich zusammen mit einigen anderen Leuten in São Paulo ein japanisches Restaurant gegründet, das ein großer Erfolg war und schnell expandierte. Ich habe es für einige Jahre mitgeführt und mich während dieser Zeit an der SENAC, der Hochschule für Gastronomie, zur Köchin ausbilden lassen – denn ich wollte mindestens so viel vom Kochen verstehen wie unsere Küchenchefs in den Restaurants. Essen – das bedeutet für mich mehr als Brot, Nudeln und Gemüse. Essen ist etwas, das ständig präsent ist: überall – in unseren unterschiedlichen Kulturen; zu jeder Zeit – in der Geschichte, Wissenschaft und Philosophie; und ganz persönlich – in unseren Gefühlen und unserer Kommunikation. Essen verbindet alle Aspekte unseres Lebens miteinander, die gesellschaftlichen und politischen, die ökonomischen und die ökologischen.

Die Art, wie wir essen, hat ganz direkte Auswirkungen auf die Welt, in der wir leben – was uns oft gar nicht bewusst ist. In meiner Galerie, der Entretempo Kitchen Gallery in Berlin, zeige ich verschiedenste Arbeiten der Food Art, und ich veranstalte Abendessen mit thematischen Schwerpunkten, die mir am Herzen liegen. Diese Arbeit als Köchin und als eine mit Essen arbeitende Künstlerin bietet mir die Chance, mich mit allen möglichen Menschen, Kindern wie Erwachsenen, über diese Themen auszutauschen. Miteinander ein Essen zu genießen, seine Aromen, Düfte und Texturen wahrzunehmen, macht diesen Austausch für alle zugänglich, hebt ihn von einer abstrakten auf eine sinnlich erfahrbare Ebene. Wenn alles gut geht, führt es dazu, dass die Menschen wichtige Fragen unserer Gegenwart auf eine emotionale Art und Weise begreifen und beginnen, darüber nachzudenken. Da nichts stärker ist als unsere sinnlichen Wahrnehmungen und unsere Gefühle, sehe ich in der Verbindung dieser beiden universellen Sprachen ein großes Potenzial, positive Veränderungen in die Welt hineinzutragen.

Die Küche der Achtsamkeit erzählt auf 208 Seiten mit 50 unkomplizierten Rezepten und vielen Fotos, Illustrationen und Texten eine Menge über *Mottainai* und ein bisschen von meiner Geschichte. Die Rezepte in diesem Buch handeln von dieser Geschichte, einem Leben zwischen den Kulturen: Brasilien, Japan, Europa. Es sind Rezepte, die von ganz unterschiedlichen Küchen inspiriert sind – aber es sind allesamt Rezepte, die vom Wunsch getragen sind, das, was man hat, nicht zu verschwenden, sondern das Beste daraus zu machen – noch aus dem trockensten Brotkrümel, dem letzten Reiskorn und dem kleinsten Marmeladenrest! Die Welt mit Respekt zu behandeln, darum geht es bei *Mottainai*. Ich wünsche mir, gemeinsam mit Euch allen anderen Träumern da draußen die Saat für ein harmonischeres Leben zu legen.

Tainá Guedes

Meine Küche

Meine persönliche Küche setzt sich aus den vielen Erfahrungen zusammen, die ich in allen möglichen Ländern gesammelt habe – mit einem besonders starken Einfluss der japanischen Kochkunst. Mir geht es immer darum, unser Leben durch das Kochen und das Essen zu bereichern – so wie das auch durch ein Gedicht, ein Kunstwerk, ein Gefühl oder das Erleben der Natur geschieht.

Was mir beim Kochen und Essen wichtig ist:

- DAS PRINZIP VON *MOTTAINAI* ZU BEACHTEN: Dinge wiederzuverwenden, ihren Verbrauch zu reduzieren und nichts zu verschwenden.

- Den Körper und den Geist zu nähren – statt nur das Gefühl von Sattheit zu bekommen.

- Vollkornprodukte zu essen.

- Täglich Getreide zu essen und zwar am besten jeden Tag eine andere Sorte, so wie es auch die anthroposophische Ernährungslehre vorschlägt: am Montag Reis, am Dienstag Gerste, am Mittwoch Hirse, am Donnerstag Roggen, am Freitag Hafer, am Samstag Mais und am Sonntag Weizen.

- Mich vegetarisch zu ernähren.

- Jeden Tag verschiedene Obst- und Gemüsesorten zu essen, die gerade Saison haben.

- Nur Lebensmittel aus biologischem Anbau und am besten auch aus der Region zu kaufen.

- Alle Mahlzeiten mit gesunden Fetten anzureichern – also zum Beispiel mit Oliven-, Raps- und Leinöl: Es gibt eine Reihe von Vitaminen, die unser Körper nur in Verbindung mit Fetten aufnehmen kann.

- Langsam zu essen.

- Zum Süßen statt weißem Zucker besser Honig, Obst oder getrocknete Früchte zu verwenden.

- Auf ein respektvolles, harmonisches Verhältnis von Mensch und Natur zu achten: beim Einkaufen, beim Kochen, beim Essen.

- ... und dabei glücklich zu sein!

KAPITEL 1

Mottainai: Erinnerungen bewahren

Was meine Kindheit nährte

Am Anfang stand ein Traum: Die Familie meiner Mutter wanderte im ersten Viertel des letzten Jahrhunderts von Japan nach Brasilien aus, so wie viele Tausend andere Japaner, die ihrem großen Lebensabenteuer entgegengesegelt sind. Sie träumten den Traum, woanders hinzugehen, aber gleichzeitig wollten sie irgendwann zurückkehren. Am Ende ging so gut wie niemand zurück, und in Brasilien entstand die größte japanische Gemeinde außerhalb Japans – heute leben ungefähr 1,5 Millionen Menschen mit japanischen Wurzeln dort. Als Japan während des Zweiten Weltkriegs zum Kriegsgegner auch Südamerikas wurde, rückte der Traum zurückzukehren in unerreichbare Ferne. Plötzlich war es verboten, japanisch zu sprechen, japanische Kleidung zu tragen, japanische Festtage zu begehen. Meine Mutter war damals gerade fünf Jahre alt und konnte nicht begreifen, dass sie auf einmal als Feindin galt. Sie bekam heimlichen Sprachunterricht, aber sie konnte nie wirklich gut japanisch sprechen.

Mich hat es immer sehr traurig gemacht, mich mit meiner Großmutter nicht auf Japanisch unterhalten zu können. Es war ein von Kindheit an gehegter Wunsch von mir, mehr über die japanische Seite meiner Persönlichkeit zu erfahren. Als ich dann, bereits erwachsen, dem Begriff *mottainai* und der Shojin-Ryori-Küche begegnet bin, fühlte ich mich diesen Ideen tief verbunden. Ich wollte mehr darüber herausfinden und kam darauf, dass es vielleicht gar nicht so schlecht ist, eine halbe Japanerin zu sein!

Ich wurde in São Paulo geboren und wuchs dort auf. Meine Mutter kochte für uns eine fröhliche Mischung aus japanischen und brasilianischen Rezepten, die ich sehr liebte und mit großer Begeisterung aß. Eisgekühlte Sōmen-Nudeln mit einer duftenden Sauce und frischen Sprossen, knusprige Reisbällchen mit Gemüse, die heilende Bohnensuppe – mein Teller war immer schon leer, während meine Schwester noch darum kämpfte, alles aufzuessen ... Mein Vater dagegen kochte streng makrobiotisch, aber auch das mochte ich und begleitete ihn gerne in sein makrobiotisches Lieblingsrestaurant, wo es Vollkornreis, Körner und viel frisches Gemüse zu essen gab.

Dieses Kapitel versammelt vier Rezepte meiner Mutter. Ich habe auch ein Rezept meiner brasilianischen Heimat dazugenommen, das vermutlich von der arabischen Küche beeinflusst ist. Mein Vater hatte selbst arabische Wurzeln, aber auch portugiesische, holländische und genuin brasilianische. Obwohl ich nicht viel Zeit mit ihm verbringen durfte, habe ich von ihm erfahren, wie bedeutsam Ernährung für unseren Körper ist – und nicht nur für den Körper, sondern auch für die Seele. Von ihm habe ich gelernt, meine eigenen Sprossen zu ziehen und Joghurt selbst zu machen, jeden Tag Getreide zu essen und mich mit biologisch angebauten Lebensmitteln zu ernähren – alles Inspirationen, die mich bis heute begleiten.

DIE BOHNENSUPPE MEINER MUTTER

Wenn bei uns in der Familie jemand eine Erkältung bekommt, dann kocht meine Mutter diese Suppe. Sie schmeckt schon am ersten Tag ganz gut, wird aber immer aromatischer, je länger sie durchzieht. Meine Mutter träufelt immer noch etwas Zitronensaft darüber. Denn Zitrusfrüchte sorgen dafür, dass das Eisen der Bohnen vom Körper besser aufgenommen werden kann. Sie bewirken auch, dass die Bohnen besser vertragen werden und weniger Blähungen verursachen.

(FÜR 4 PERSONEN)

200 g Carioca-Bohnen (siehe Glossar, S. 194, alternativ kleine weiße Bohnen)
1 Zwiebel, gewürfelt
2 Knoblauchzehen, fein gehackt
Olivenöl zum Anbraten
Salz
800 ml Wasser
2 Karotten, gewürfelt
4 Kartoffeln, in mittelgroße Würfel geschnitten
1 Zucchini, in Scheiben geschnitten
1 Chayote, gewürfelt (siehe Glossar, S. 194, alternativ Kohlrabi)
1 Handvoll Petersilie, gehackt
1–2 Handvoll übrig gebliebene Nudeln

FÜR DAS TOPPING:
1 Bund Brunnenkresse (alternativ Rucola)
4 EL Parmesan, frisch gerieben
4 TL Olivenöl

4 gebutterte Scheiben Brot (nach Wahl)

Die Bohnen waschen und über Nacht einweichen lassen. Am folgenden Tag das Wasser abgießen, die Bohnen nochmals waschen und das Wasser wieder abgießen.

Die gewürfelte Zwiebel und den Knoblauch im Olivenöl anbraten. Anschließend die Bohnen, Salz und das Wasser dazugeben. Etwa eine Stunde kochen, bis die Bohnen weich sind. Die Bohnen mit dem Stabmixer gut pürieren. Anschließend die gewürfelten Karotten und die Kartoffeln dazugeben und einige Minuten weiterkochen. Sobald die Karotten und die Kartoffeln gar sind, Zucchini, Chayote und Petersilie dazugeben und für weitere 5 Minuten köcheln lassen. Anschließend die Nudeln unterrühren.

Das gebutterte Brot in einer Pfanne kurz von beiden Seiten knusprig braten. Die Suppe in Schälchen verteilen und mit Olivenöl beträufeln. Parmesan und Brunnenkresse darüberstreuen und mit dem knusprig gerösteten Brot servieren.

JAPANISCH INSPIRIERTE NUDELN MIT FRISCHEN SPROSSEN

Dieses Gericht mit kalten Nudeln ist eines unserer Familienessen: Es gemeinsam zu essen, bringt uns schöne Erinnerungen zurück. Meine Mutter hat uns immer gesagt, dass wir Sprossen essen sollten – denn Sprossen tragen einen großen Lebenswunsch in sich, der die Traurigkeit vertreibt. In jeder Sprosse steckt schon die Energie einer ganzen Pflanze. Besonders gut sind sie im Frühjahr, wenn die Natur wieder zum Leben erwacht. Der Name meiner Mutter ist Yukiko. *Yuki* bedeutet Schnee und *ko* ist das japanische Wort für Tochter. Dieses Gericht ist weiß wie der Schnee, aus dem endlich die ersten Pflanzen und Blüten spitzen: die farbenfrohen Gemüse und die frischen Sprossen.

(FÜR 4 PERSONEN)

500 g Sōmen (siehe Glossar, S. 194)

FÜR DAS TOPPING:
Frische Sprossen
Nori, in feine Streifen geschnitten (siehe Glossar, S. 195)
1 Karotte, in feine Stifte geschnitten
1 Gurke, in feine Stifte geschnitten
1 Orange, in feine Scheiben geschnitten (nach Belieben)

FÜR DIE SAUCE:
500 ml Wasser
200 ml Shoyu-Sojasauce (siehe Glossar, S. 195)
1 TL Sesamöl
2 EL Agavendicksaft
6 EL Ingwer, frisch gerieben
3 Frühlingszwiebeln, fein geschnitten

Eiswürfel

Alle Zutaten für die Sauce gut vermischen.

2 Liter Wasser zum Kochen bringen. Die Sōmen darin eine Minute lang kochen. Abschütten und unter fließendem kaltem Wasser abspülen. Abtropfen lassen.

Auf Eiswürfeln anrichten. Die Sprossen, die Orangenscheiben und das fein geschnittene Gemüse nach Sorten darauf anordnen. Die Sauce in einer kleinen Schüssel dazu servieren.

CUSCUZ PAULISTA
Couscous im São-Paulo-Style

In Brasilien gibt es eine Menge verschiedener Sorten Couscous. In Bahia zum Beispiel essen die Leute Couscous mit Butter und Ei zum Frühstück, im Nordosten wird er mit Kokosmilch gekocht. Couscous ist mit den Portugiesen eingewandert, die ihn aus Nordafrika mitbrachten: Der Einfluss der arabischen auf die brasilianische Kultur ist riesig. Mein Herz und mein Bauch sind geradezu süchtig nach diesem Gericht, vielleicht weil ich die Tochter eines Halb-Arabers bin. Wenn wir in São Paulo allerdings von Couscous (oder „Cuscuz") reden, dann ist solcher aus Mais und kein Weizengrieß gemeint.

(FÜR 4 PERSONEN)

50 ml Olivenöl
1 Zwiebel, gewürfelt
2 Knoblauchzehen, gehackt
1 kleine rote Paprikaschote, gehackt
1 Karotte, fein gehackt
200 ml Tomatensauce (siehe Rezept, S. 189)
50 ml Gemüsebrühe (siehe Rezept, S. 188)
200 g Farinha de Milho Amarela (siehe Glossar, S. 194)
1 Stange Sellerie, gewürfelt
3 TL Mais
3 TL Kapern
8 grüne Oliven
50 g frische Erbsen
2 EL Petersilie, fein gehackt
2 EL Schnittlauch, fein gehackt
1 Pimenta-dedo-de-moça, ohne Kerne, fein gehackt (siehe Glossar, S. 195, alternativ Thai-Chili)
Salz und Pfeffer
Öl zum Einfetten der Form

ZUM GARNIEREN:
6 gekochte Wachteleier, halbiert
80 g Palmherzen, in feine Scheiben geschnitten (siehe Glossar, S. 195)
10 Cherrytomaten, halbiert
Petersilie

Das Olivenöl in einem großen Topf erhitzen. Zwiebeln, Knoblauch und Paprika hineingeben und etwa 3 Minuten kochen. Anschließend die Karotten hinzufügen und unter Rühren weich kochen. Die Tomatensauce einrühren und alles weitere 3 Minuten kochen, danach die Gemüsebrühe dazugeben.

Wenn die Mischung zu kochen beginnt, das Maismehl einrühren. Alles auf kleiner Hitze unter ständigem Rühren 10 Minuten köcheln lassen. Die übrigen Zutaten unterrühren. Mit Salz und Pfeffer abschmecken.

Eine halbkugelförmige Backform (Durchmesser 21 Zentimeter) oder eine Kranzform mit Öl einfetten. Die heiße Masse mithilfe eines Esslöffels einfüllen. Auf Zimmertemperatur abkühlen lassen. Den fest gewordenen Couscous auf eine Platte stürzen und mit den Wachteleiern, Cherrytomaten, Palmherzen und etwas Petersilie garnieren.

MAMAS REISBÄLLCHEN

Seit Monaten versuche ich, meine Mutter dazu zu überreden, beim Kochen der Reisbällchen ihr Rezept einmal ganz genau für mich aufzuschreiben. Allerdings kocht meine Mutter nie nach Rezept. Sie schaut einfach, was da ist und macht daraus etwas Feines. Deshalb fallen ihre Gerichte immer ein klein bisschen unterschiedlich aus. Diese Reisbällchen bereitet meine Mutter gerne als Fingerfood zu, wenn wir zu Hause Geburtstagspartys feiern. Sie sind gesund, schmecken wundervoll – und eignen sich natürlich perfekt, um übrig gebliebenen Reis und Getreide zu verarbeiten.

(FÜR 4 PERSONEN)

250 g Reis, gekocht
250 g Weizenkörner, gekocht
1 Karotte, grob gerieben
1 Zwiebel, gerieben
2 Frühlingszwiebeln, fein geschnitten
1 Klettenwurzel, fein geschnitten (siehe Glossar, S. 194)
1 Handvoll Petersilie, gehackt
1 Ei
4 EL Weizenmehl (Vollkorn)
Salz

Weizenmehl
Öl zum Frittieren
Küchenpapier

Alle Zutaten in eine Schüssel geben, salzen und gut miteinander vermischen, sodass eine klebrige Masse entsteht. Nach Bedarf noch etwas Ei und/oder Mehl dazugeben.

Ein Backblech oder ein großes Brett mit Mehl bestäuben. Die Masse in Bällchen von 4 Zentimetern Durchmesser formen und darauflegen.

Etwa 4 Zentimeter hoch Öl in eine große Pfanne geben und erhitzen. Die Bällchen darin von allen Seiten goldbraun braten. Auf einem Stück Küchenpapier abtropfen lassen und heiß servieren – am besten mit dem säuerlich-frischen Gurkenrelish (siehe Rezept, S. 108).

PALMHERZENKUCHEN

Als ich ein Kind war, hat meine Mutter diesen Kuchen jeden Mittwoch zubereitet. Meine Schwester und ich konnten ihn dann in die Schule mitnehmen – an diesem Tag haben wir dort immer miteinander gekocht und gegessen. Heute backe ich den Kuchen immer sonntags, und mein Sohn nimmt ihn am Montag mit zum gemeinsamen Essen in den Kindergarten. Ich bereite gleich die doppelte Menge der Füllung zu und friere dann die Hälfte ein, damit ich mir beim nächsten Mal ein bisschen Zeit spare. Was in die Füllung hineinkommt, kann man einfach abwandeln – je nach den Gemüseresten und Überbleibseln, die man gerade im Kühlschrank findet.

(FÜR 6 PERSONEN)

FÜR DEN TEIG:
½ l Milch
250 ml Öl
180 g Weizenmehl (zur Hälfte Vollkorn)
1 Ei
1 EL Backpulver
Salz

FÜR DIE FÜLLUNG:
2 TL Olivenöl
1 Zwiebel, gewürfelt
2 Karotten, in Scheiben geschnitten
400 g Tomatensauce (siehe Rezept, S. 189)
1 Dose Palmherzen, in Scheiben geschnitten (220 Gramm, alternativ weißer Spargel)
1 Dose Mais (200 Gramm)
200 g grüne Oliven, ohne Stein
200 g Champignons, geviertelt
200 g Erbsen
1 Zucchini, in dünne Scheiben geschnitten
2 EL frische Petersilie, fein gehackt
Salz
Butter und Mehl für die Auflaufform

Den Ofen auf 180 Grad vorheizen.

Zunächst den Teig zubereiten: Alle Zutaten – bis auf das Backpulver – mit dem Rührgerät zu einem dickflüssigen Teig verrühren. Etwa 10 Minuten ruhen lassen, dann das Backpulver einrühren.

Für die Zubereitung der Füllung das Olivenöl in einem großen Topf erwärmen. Die gewürfelte Zwiebel goldbraun rösten. Die Karotten hinzufügen und einige Minuten mitrösten. Dann die Tomatensauce einrühren. Unter gelegentlichem Rühren etwa 5 Minuten kochen, die Karotten sollen noch bissfest sein. Nun die anderen Zutaten hinzufügen und auf kleiner Hitze kurz weiterköcheln lassen. Nach Geschmack salzen.

Eine Auflaufform (rechteckig, etwa 17×26 Zentimeter) oder eine Kastenform buttern und bemehlen. Die Hälfte des Teigs in die Form füllen, die Füllung vorsichtig darauf verteilen. Danach den Rest des Teigs darübergeben.

In den Backofen stellen und 35 Minuten backen. Dieser saftige Gemüsekuchen schmeckt als kleiner Imbiss, mit Vollkornreis und einem frischen grünen Salat serviert, ergibt er eine ganze Mahlzeit.

KAPITEL 2

Mottainai: Achtsam sein

Wie ich Shojin Ryori begegnete

Im Jahr 2006 bin ich nach einer turbulenten Zeit von São Paulo nach Berlin umgezogen. Wenig später begann ich, mich intensiv mit der *Shojin-Ryori*-Küche zu beschäftigen, mit der vegetarischen Küche des japanischen Buddhismus. Im darauffolgenden Jahr lud mich ein Shojin-Meisterkoch nach Tokio ein. Dort lernte ich den sehr speziellen Geist freundlicher Hingabe kennen, der die Essenz japanischer Kultur ausmacht.

An diese Zeit in Japan erinnere ich mich, als sei sie erst gestern gewesen: Ich wachte immer schon sehr früh am Morgen in meinem Zimmer beim sehr betriebsamen Bahnhof Shibuya auf, war von morgens bis abends hellwach und versuchte, mit all meinen Sinnen so viel aufzunehmen, wie ich nur konnte. Alles schien wie für mich gemacht. Das begann schon mit dem Frühstück: Nie hätte ich mir vorstellen können, dass ich, dass mein Körper von Reis, eingelegtem Gemüse und Misosuppe am Morgen derart beglückt sein könnte. Aber so war es: Mein Körper und meine Geschmacksknospen waren so im Einklang mit diesem Essen, wie ich es nie zuvor erlebt hatte. Es war ein wirklich eigenartiges und einzigartiges Erlebnis – es war als sagte mein japanisches Ich: „Oh ja, genau das habe ich so vermisst!"

Shojin ist ein buddhistischer Begriff, er meint Hingabe, Reinigung, Askese und Sorgsamkeit auf der Suche nach Erleuchtung und Vervollkommnung. Die vegetarische Küche des Shojin Ryori kam mit der Einführung des Buddhismus im 6. Jahrhundert aus China und Korea nach Japan. Sie ist viel mehr als nur eine sehr alte, schöne, harmonische „Ingredienz" japanischer Philosophie und Kultur, sie ist Ausdruck beständigen Wandels und permanenter Erneuerung. Heutzutage, wo so viele Menschen nach innerer Balance, Gesundheit und vor allem nach einer Form des harmonischen, respektvollen Miteinanders suchen, erscheint *Shojin Ryori* aktueller und innovativer denn je.

Diese Küche richtig zu erlernen, dauert ein ganzes Leben. Es wäre anmaßend, ein Gericht, das nicht in einem buddhistischen Kloster oder Tempel zubereitet wurde, *Shojin Ryori* zu nennen. Aber eine Reihe der dort praktizierten Prinzipien kann jeder Mensch anwenden, wenn sie ihm sinnvoll erscheinen: Mit saisonalem Gemüse zu kochen und mit einer möglichst großen Vielfalt an Nahrungsmitteln – um das, was uns die Natur als ihren Gästen anbietet, so gut wie möglich auszuschöpfen. Möglichst ohne Geräte zu arbeiten, sondern mit den Händen – um die eigene Energie ins Essen zu übertragen. Bei der Zubereitung von Essen Dankbarkeit zu empfinden, gegenüber Mutter Natur und all jenen, die dafür gesorgt haben, dass man dieses Essen genießen kann. Den Wunsch zu haben, dass alle Lebewesen eine so gute Mahlzeit bekommen, wie die, die man gerade zubereitet. Und natürlich: Die Verschwendung von Lebensmitteln zu vermeiden, aus Respekt vor der Natur und vor allen, die an der Herstellung von Lebensmitteln beteiligt sind. Auf den ersten Seiten dieses Kapitels stelle ich Ihnen eine vollständige *Shojin-Ryori*-Mahlzeit vor. Die anderen Rezepte sind inspiriert von den Ideen dieser wunderbaren Küche.

SHOJIN RYORI

Shojin Ryori ist die Küchenphilosophie, nach der seit Jahrhunderten in den zen-buddhistischen Klöstern und Tempeln Japans Essen zubereitet wird. Jede Mahlzeit besteht aus einigen unterschiedlichen Speisen – nie fehlen darf Goma-dofu (ein Tofu aus Sesam). Eine Mahlzeit muss mindestens fünf verschiedene Farben und Geschmäcker enthalten: sauer, süß, salzig, bitter und *umami*.

Die Zubereitung der einzelnen Speisen erscheint, mit westlichen Augen betrachtet, sehr simpel und reduziert. Alle Speisen werden ohne jede Verschwendung von Essbarem gemacht – und ohne Fleisch und Fisch, Lauch- und Zwiebelgewächse und Chili.

Häufig verwendete Zutaten sind Tofu und Aburaage (in dünne Scheiben geschnittener, doppelt frittierter Tofu), Koya-dofu (gefriergetrockneter Tofu), Yuba (getrocknete Haut der Sojamilch), Fu (Weizengluten, ähnlich dem Seitan), Konnyaku (aus dem Mehl der Konjakwurzel hergestellter Kuchen) und Natto (fermentierte Sojabohnen), außerdem verschiedene essbare Meeresalgen: Kombu, Wakame, Nori und Hijiki.

In der Shojin-Ryori-Küche ist es von zentraler Bedeutung, nur ganz frische regionale und saisonale Gemüse und Wildpflanzen zu verwenden, um in Übereinstimmung mit der Natur zu agieren, die uns zu jeder Jahreszeit mit genau dem, was wir brauchen, versorgt – zumindest in Regionen ohne eisig kalte Winter ist das ja der Fall.

So sieht eine typische Shojin-Ryori-Mahlzeit zum Beispiel aus:

- **MISOSHIRU**
  Misosuppe mit Tofu und Wakame

- **KAKIAGE**
  Eine Art Tempura: fein geschnittene, in Backteig frittierte Gemüse der Saison

- **GOMA-DOFU**
  Aus frisch geriebener Sesampaste hergestellter Tofu, serviert mit Sojasauce und etwas Wasabi

- **TSUKEMONO**
  Eingelegtes Gemüse

- **REIS**
  Japanischer Vollkornreis (siehe Rezept, S. 188), mit weißem und schwarzem Sesam bestreut

- **NASU DENGAKU**
  Auberginen mit einer karamellisierten Misosauce

MISOSHIRU

(FÜR 4 PERSONEN)

5 Tassen Wasser
1 EL Misopaste (siehe Glossar, S. 195)
4 getrocknete Shiitake-Pilze
1 Stück Kombu (10×5 cm) (siehe
Glossar, S. 195)
100 g weicher Tofu
5 g Wakame (siehe Glossar, S. 196)

Am Vorabend Shiitake-Pilze und Kombu in eine Schüssel mit 5 Tassen kaltem Wasser geben. Ein sauberes Geschirrtuch darüberlegen und über Nacht einweichen.

Am nächsten Tag die Pilze herausnehmen und die harten Stiele mit einer Schere entfernen. Pilze in Scheiben schneiden und zurück ins Wasser geben.

Wakame in eine kleine Schüssel mit kaltem Wasser geben und für etwa 10 Minuten darin wässern. Den Tofu in bissengroße Stücke schneiden und auf 4 Suppenschalen verteilen. Wakame abtropfen lassen und ebenfalls verteilen.

Das Wasser mit den Pilzen und dem Kombu zum Kochen bringen, dabei den Schaum abschöpfen. Etwa 5 Minuten kochen lassen. Danach den Topf vom Herd nehmen. Die Misopaste zunächst in einer kleinen Schüssel mit einigen Löffeln Brühe anrühren, dann zur restlichen Brühe geben und gut vermischen. Über Tofu und Wakame in die Suppenschüsseln gießen und servieren.

KAKIAGE

(FÜR 4 PERSONEN)

100 g Karottengrün, gehackt
100 g Pilze, in Scheiben geschnitten
50 g Karotten, in Stifte geschnitten
50 g rote Paprikaschote, in Stifte
geschnitten
50 g Süßkartoffeln, in Stifte geschnitten
Weizenmehl zum Bestäuben
Öl zum Frittieren

FÜR DEN AUSBACKTEIG:
250 g Weizenmehl
Wasser (nach Bedarf)
Salz

Kaltes Wasser
Eiswürfel

Das Gemüse mit etwas Weizenmehl bestäuben.

Für den Teig das Mehl in eine mittelgroße Schüssel geben, salzen und beides gut vermischen. Nun nach und nach das Wasser einrühren, bis der Teig eine zähflüssige Konsistenz bekommt. Die Schüssel mit dem Ausbackteig in eine größere Schüssel mit kaltem Wasser und Eiswürfeln stellen.

Das Öl in einer Pfanne erhitzen. Nun das Gemüse portionsweise mit Hilfe von Stäbchen aufnehmen, durch den Teig ziehen und im Öl goldbraun frittieren.

GOMA-DOFU

Um Goma-dofu perfekt zuzubereiten, braucht man neben den richtigen Werkzeugen – dem Suribachi, einem großen Mörser, dem dazugehörigen Surikogi und einer speziellen Metallform – auch viel Erfahrung und eine sehr genaue Kenntnis der Vorgänge. In der Shojin-Ryori-Küche wird der Zubereitung dieses Gerichts ganz besondere Aufmerksamkeit geschenkt, der eine körperliche und geistige Reinigung sowie eine Phase der Meditation vorausgehen. Weil Goma-dofu eine so zentrale Bedeutung hat, möchte ich Ihnen zumindest eine Ahnung davon geben, wie man ihn herstellt.

(FÜR 4 PERSONEN)

3 Tassen weiße Sesamsaat
600 ml Wasser (gefiltert) oder stilles
Wasser, zum Einweichen
50 g Kuzu (siehe Glossar, S. 195)
3 Tassen Wasser (gefiltert) oder stilles
Wasser für die Zubereitung

Suribachi und Surikogi (siehe
Foto, S. 38)
Eine rechteckige Metallform
(ca. 21 × 16 × 4,5 cm)

Am Vortag den Sesam in den Suribachi geben. Kaltes Wasser hinzufügen und über Nacht stehen lassen.

Das Einweichwasser abgießen, das frische Wasser hineingießen und mit dem Mörsern beginnen. Der gesamte Reibvorgang dauert eine Stunde, und er sollte ohne Pause vor sich gehen. Die Idee dahinter ist, dass man seine gesamte Energie in die Zubereitung steckt und auf diese Weise sein Inneres, seine Seele, in ein Lebensmittel verwandelt.

Nach einer Stunde die Paste durch ein Mulltuch passieren. Kuzu mit ein bisschen Wasser glatt rühren. Mithilfe von Essstäbchen oder einem Schneebesen gut mit dem Sesamwasser verrühren und in eine kleine, tiefe Pfanne geben. Auf mittlerer Hitze unter ständigem Rühren erwärmen. Das Gemisch dickt allmählich ein, dabei entstehende Klümpchen sorgfältig glatt rühren. Nach einiger Zeit klärt sich die anfangs trübe Mischung und bekommt eine puddingartige Konsistenz.

Die Metallform befeuchten. Die heiße Sesammasse bis zum Rand einfüllen und glattstreichen. Die Form einige Male auf die Arbeitsplatte schlagen, damit Luftblasen entweichen. Zunächst bei Raumtemperatur auskühlen lassen, dann für etwa zwei Stunden mit Frischhaltefolie bedeckt in den Kühlschrank stellen. Danach aus der Form lösen und in Rechtecke schneiden. Gekühlt mit Wasabi oder frisch geriebenem Ingwer und mit Sojasauce servieren. (Goma-dofu selbst ist eher geschmacksneutral, daher braucht er etwas Sauce.)

TSUKEMONO

(FÜR 4 PERSONEN)

1 kleinen Rettich (ca. 5 cm lang), in
grobe Stifte geschnitten
1 Karotte (ca. 5 cm lang), in grobe
Stifte geschnitten
1 EL Salz
1 EL Agavendicksaft

Am Vortag das Gemüse in eine Schüssel geben, mit dem Salz
und dem Agavendicksaft gut vermischen. Danach in ein Glas
füllen und kühl stellen.

NASU DENGAKU

(FÜR 4 PERSONEN)

2 kleine Auberginen
3 EL Öl

FÜR DIE SAUCE:
2 EL Mirin
2 EL Sake
3 EL Agavendicksaft
3 EL rote Misopaste

ZUM GARNIEREN:
1 TL Sesamsaat

Die Auberginen halbieren, die Schnittflächen gitterförmig
einschneiden.

Öl in einer Pfanne erhitzen. Die Auberginen von beiden Seiten braten, bis sie dunkel sind. Herausnehmen und abtropfen
lassen.

Mirin, Sake und den Agavendicksaft in einem kleinen Topf
vermischen und zum Kochen bringen. Vom Herd nehmen.
Anschließend die rote Misopaste hinzufügen und mit einem
Schneebesen verschlagen.

Die Auberginen mit der Sauce übergießen, Sesam darüberstreuen und heiß servieren.

(Nach Belieben mit fein geschnittenen Frühlingszwiebeln
oder Schnittlauch bestreuen. Die Shojin-Ryori-Küche ver-
zichtet allerdings auf alle Lauch und Zwiebelgewächse,
also Knoblauch, Frühlingszwiebeln, Zwiebeln, Schalotten
und Lauch.)

GEBRATENE ONIGIRI MIT KAKIAGE

Immer wieder fällt mir ein Satz des Meisters George Osawa ein – er ist so etwas wie der Begründer der schönen makrobiotischen Küchen-Philosophie, die auf Shojin Ryori basiert. Osawa sagte, dass jemand, der in der Lage sei, einfachen Vollkornreis mit Genuss zu essen, niemals gelangweilt sein und immer Lebensfreude empfinden werde. In dieser Idee findet sich ein wichtiges Prinzip von Mottainai wieder: das der Einfachheit. In vielen Restaurants werden wir überwältigt von den verschiedensten Zutaten, Saucen und Aromen. Manche Köche kombinieren in einem einzigen Gericht Geflügel, Fisch, Rind- und Schweinefleisch. Reis dagegen kann man ganz pur genießen. Vielleicht mit etwas Salz und geröstetem Sesam oder mit Gomasio (siehe Rezept, S. 189). Oder gebraten, wie ich es in diesem Rezept vorschlage. Es tut gut, sich an einfachen Dingen erfreuen zu können.

(FÜR 4 PERSONEN)

FÜR DIE ONIGIRI:

3 Tassen übrig gebliebenen japanischer Reis, gekocht
1 Schüssel gesalzenes Wasser (um die Hände beim Zubereiten der Onigiri zu befeuchten)
1 EL Bratöl

FÜR DAS KAKIAGE:

1 Süßkartoffel, in feine Stifte geschnitten
1 rote Paprikaschote, in feine Stifte geschnitten
1 Karotte, in feine Stifte geschnitten
1 Bund Petersilie (mit Stielen), gehackt
1 Zwiebel, in feine Streifen geschnitten
2 EL Weizenmehl

FÜR DEN TEIG:

2 Tassen kaltes Wasser
1 Tasse Weizenmehl
Salz
Öl zum Frittieren
Eiswürfel

ZUM GARNIEREN:

Karottengrün, frittiert

Zunächst die Onigiri zubereiten: Mit zuvor im Salzwasser angefeuchteten Händen eine kleine Handvoll Reis aus der Schüssel nehmen und in die für Onigiri typische dreieckige Form bringen. Wenig Öl mit einem Pinsel in der Pfanne verstreichen und erhitzen. Onigiri von beiden Seiten recht dunkel braten und zum Warmhalten in den auf 70 Grad vorgewärmten Backofen geben.

Die Gemüse für das Kakiage vermengen und mit etwas Weizenmehl überstäuben. Alle Zutaten für den Teig in einer Schüssel gut vermischen und in einer weiten Schüssel mit Eiswürfeln kalt stellen.

Etwa 3 Zentimeter hoch Öl in eine Pfanne geben. Das Gemüse in 4 Portionen teilen. Eine Portion nach der anderen in den Teig tunken, mithilfe eines Schaumlöffels herausheben und im Öl goldbraun frittieren. Herausnehmen und aufrecht auf Küchenpapier abtropfen lassen.

Das Kakiage mit den Onigiri und dem frittierten Karottengrün servieren – wenn Sie Lust haben, zusammen mit Ihrer Lieblingssauce. Mir schmeckt dazu Teriyakisauce besonders gut.

SUSHIMAKI MIT GEMÜSESCHALEN

In der Shojin-Ryori-Küche werden gelegentlich auch Sushi zubereitet – natürlich nur solche mit Gemüse. Diese ganz speziellen vegetarischen Sushi habe ich mir ausgedacht, als mich die Agora, ein kollektiver Projektraum in Berlin-Neukölln, vor ein paar Jahren dazu einlud, bei ihrem Kunstfestival zu kochen: ein Rezept nicht nur ohne, sondern sogar aus Abfall – aus den Gemüseteilen, die sonst weggeworfen werden.

(FÜR 4 PERSONEN)

3 Tassen Sushi-Reis

FÜR DAS SUSHI-DRESSING:
3 EL Reisessig
3 EL Zucker
1½ EL Salz

FÜR DIE FÜLLUNG:
Schalen von 4 Kartoffeln, in Streifen geschnitten
Öl zum Frittieren
Schalen von 2 Karotten, in Streifen geschnitten
Schalen einer Gurke, in Streifen geschnitten

Nori-Blätter (siehe Glossar, S. 195)

1 Handvoll eingelegter Ingwer
Sojasauce
Wasabi

Sushi-Matte aus Bambus

Zunächst den Reis für die Sushi zubereiten: Den Reis sieben Mal waschen, dabei die Reiskörner mit den Händen durchkneten. Beim letzten Waschen sollte das Wasser nicht mehr weiß werden, sondern klar bleiben. Nun den Reis einweichen, im Winter eine Stunde, im Sommer eine halbe Stunde. Das Einweichwasser abschütten und den Reis etwa 10 Minuten abtropfen lassen.

Danach den Reis entweder im Reiskocher oder in einem nicht zu großen Topf zugedeckt mit derselben Menge Wasser kochen, bis das Wasser verkocht ist. Den Topf vom Herd nehmen – der Reiskocher schaltet sich von selbst ab. Den gekochten Reis zunächst 10 Minuten stehen lassen, dann mit einem feuchten Holzlöffel aus dem Topf nehmen und in eine große Schüssel geben. Das Sushi-Dressing vorsichtig und gründlich einarbeiten. Den Reis anschließend mit einem sauberen Handtuch abdecken und zur Seite stellen.

Die Kartoffelschalen im Öl frittieren. Die Karottenschalen kurz blanchieren. Nun die Makimono (Sushi-Rollen) zubereiten: Die Sushi-Matte auf einem großen Schneidebrett auflegen. Eine kleine Schüssel mit Wasser rechts davon bereitstellen. Ein Nori-Blatt auf die Sushi-Matte legen. Die Hände ganz leicht anfeuchten, damit der Reis nicht daran kleben bleibt. Den Reis mit einer Hand aus der Schüssel nehmen und etwa einen halben Zentimeter dick gleichmäßig auf dem Nori-Blatt verteilen. Am oberen Rand muss ein ungefähr ein Zentimeter breiter Rand frei bleiben, um die Rolle später schließen zu können. Nachdem die Gemüse-Füllung (Kartoffel-, Karotten- und Gurkenschalen) in der Mitte des Nori-Blatts platziert ist, die Rolle mithilfe der Bambusmatte einrollen. Mit einem sehr scharfen Messer in der Mitte durchschneiden, die beiden Teile noch zweimal halbieren, sodass am Ende 8 Teile entstehen. Mit eingelegtem Ingwer, Sojasauce und Wasabi servieren.

OCHAZUKE MIT KOMBU-DASHI

Ochazuke ist eines der unzähligen Gerichte, für das übrig gebliebener Reis verwendet wird. Man kann es mit grünem Tee zubereiten oder mit Kombu Dashi, einer aromatischen vegetarischen Brühe. Ich mag es am liebsten mit beidem. Reis ist die wohl wichtigste Zutat der Shojin-Ryori-Küche und ganz generell der japanischen Küche. Reis ist Teil von praktisch jeder Mahlzeit, außerdem werden viele Produkte daraus hergestellt – zum Beispiel Reiswein, Reisessig, Reiskleie oder Reismehl. Wahrscheinlich empfinden Japaner Reis auch deswegen als etwas so Wertvolles, weil sie glauben, dass in jedem Reiskorn sieben Gottheiten wohnen – und deswegen gilt es als eine Schande, auch nur ein einziges Reiskorn wegzuwerfen.

(FÜR 4 PERSONEN)

4 Tassen übrig gebliebener Reis

FÜR DIE BRÜHE:
4 TL Matcha-Pulver
20 g getrockneter Kombu (siehe Glossar, S. 195)
6 Tassen Wasser

FÜR DAS TOPPING:
Hana-ume oder Umeboshi (siehe Glossar, S. 196)
Eingelegtes Gemüse (siehe Rezept, S. 37), in dünne Scheiben geschnitten
Vegetarische Furikake (siehe Glossar, S. 194)
Weißer und schwarzer Sesam, geröstet
Shiso-Blätter (mind. eines pro Person)

Am Vorabend den Kombu mit den 6 Tassen Wasser in einen kleinen Topf geben und über Nacht (mindestens jedoch acht Stunden) bei Zimmertemperatur durchziehen lassen, damit sich das Aroma des Kombu entfalten kann.

Das Wasser mit dem Kombu bei mittlerer Hitze zum Kochen bringen, dabei immer wieder den Schaum abschöpfen. Den Topf vom Herd nehmen und etwas abkühlen lassen. Kombu herausnehmen. Wenn das Kochwasser eine Temperatur von 80 Grad erreicht hat, das Matcha-Pulver dazugeben und 3 Minuten ziehen lassen.

Den Reis auf vier Schälchen verteilen. Hana-ume oder Umeboshi und das eingelegte Gemüse darauflegen, mit Furikake, dem gerösteten Sesam und den Shiso-Blättern bestreuen. Mit der heißen Brühe übergießen und sofort servieren.

Man kann den gekochten, sehr fein geschnittenen Kombu auch mit etwas Sojasauce und Zucker kochen und mit Reis essen. Meinem Sohn schmeckt die Ochazuke auch ganz ohne die aufgestreuten Toppings …

KAPITEL 3

Mottainai: In Harmonie leben

Was ich im Nippon-Kan gelernt habe

Nach meiner Rückkehr aus Tokio hatte ich den Wunsch, mich weiter in die Shojin-Ryori-Küche zu vertiefen. Mir wurde klar, dass ich erst einmal richtig Japanisch sprechen und schreiben lernen müsste. Also reiste ich in die Stadt mit der größten japanischen Gemeinde Deutschlands: nach Düsseldorf. Ich klapperte alle japanischen Restaurants ab, bis ich auf das Nippon-Kan in der Immermannstraße stieß: Im Jahr 1964 eröffnet, war es das älteste japanische Restaurant Europas und bot eine umfangreiche Speisekarte voller traditioneller Gerichte, die auf authentische Weise und in höchster Perfektion zubereitet wurden. Die in Düsseldorf lebenden Japaner liebten es. Nur ein Einziger der Beschäftigten konnte etwas anderes als Japanisch sprechen. Genau das Richtige, dachte ich. Nirgendwo wäre ein besserer Ort zum Lernen.

Ich bat darum, mit dem Chef sprechen zu dürfen, Herrn Kato-san. Ich nahm an, dass er perfekt Englisch oder Deutsch konnte – was er auch konnte, wie sich später herausstellte. Aber erst einmal tat er so, als würde er mich nicht verstehen und schickte mich weg, als ich ihm erklärte, dass ich gerne bei ihm lernen wollte. Eine Woche später ging ich wieder hin. Er meinte, ich sollte die Woche darauf noch einmal kommen. Ich kam wieder. Und ich musste noch einige Male wiederkommen, bis er endlich sagte: „Okay, du kannst bei Mochizuki-san an der Sushibar lernen!" Juhu! Selten war ich so aufgeregt und glücklich!

In der ersten Woche lernte ich von Komatsu, der später mein Freund „Komati" wurde, dass ich, um hier überhaupt den Hauch einer Chance zu haben, erst einmal eines lernen musste: putzen, putzen und nochmal putzen. Und außerdem immer das Doppelte dessen machen, was von mir verlangt wurde. Gut, aber was hat all das mit Mottainai zu tun? Viel, denn dort habe ich gelernt, dass Lernen etwas mit Kämpfen zu tun hat, dass es Anstrengung und Bemühen braucht, um *mottainai* wirklich leben zu können. Mochizuki-san und Kato-san verwendeten Lebensmittel auf eine Art und Weise, wie ich es nie zuvor erlebt hatte. Hatte ich eine Rübe nicht sorgfältig genug geschnitten, damit sie den Gästen serviert werden konnte, wurde sie zu einem Salat verarbeitet. Aus Gemüseabschnitten, Knochen oder Fischhaut wurden Brühe und Saucen gekocht, übrigen Reis und Sukiyaki gab es als Frühstück, Fischreste wurden mit Gemüse gemischt und in Teig zu einem Kakiage, einer Art Tempura, frittiert. Abfälle gab es in der Küche des Nippon-Kan so gut wie keine.

Im Nippon-Kan habe ich die authentische japanische Hochküche kennengelernt. Meine neuen Freunde zeigten mir aber auch die Rezepte, die sie im Alltag und zum Feiern füreinander kochen.* Einige davon stelle ich in diesem Kapitel vor.

* Und wie konnte ich mich mit ihnen allen verständigen, obwohl sie weder Deutsch noch Englisch sprachen? Die einzige Person, die beides sprach, konnte glücklicherweise auch Portugiesisch: Das war Kaori, und Kaori hat zwei Töchter, die genauso sind wie ich: halb japanisch und halb brasilianisch. Kaori hat sich mir Woche für Woche gewidmet und mir in Privatstunden die japanische Sprache und Kultur vermittelt. *Daisuki!* (Ich liebe dich!)

OKONOMIYAKI
Party-Pfannkuchen mit japanischer Mayonnaise und Tonkatsu-Sauce

Meine neuen japanischen Freunde haben mich schon nach kurzer Zeit zu sich nach Hause eingeladen, um gemeinsam mit ihnen zu essen und zu feiern. Bei einer der ersten Partys, zu denen ich eingeladen war, bekam ich dieses Essen vorgesetzt. Es ist ein perfektes Gericht, wenn man mit einer Gruppe von Leuten etwas kochen und dabei abhängen möchte. Weil es so einfach ist, kann man beim Kochen miteinander plaudern und Spaß haben. Außerdem kann man es gut aus den Überbleibseln machen, die man gerade im Kühlschrank hat. Mir fällt wieder ein, wie lustig es war, endlos Lieder aus dem Film *Totoro* miteinander zu singen – quasi als Aufwärmübung fürs Karaoke, wo wir nachher hingingen. Danke Euch, Freunde, für all die schönen Momente, die als wertvolle „Überbleibsel" in meinem Gedächtnis geblieben sind. Okonomiyaki kommt übrigens ursprünglich aus Osaka, es ist eine Art japanisches Street Food. Sein Name ist aus zwei Wörtern zusammengesetzt: *Okonomi* bedeutet „was du willst" und *yaki* heißt „gebraten".

(FÜR 4 PERSONEN)

FÜR DEN TEIG:

1 Tasse Weizenmehl
4 Eier
1 Tasse Milch
Salz

¼ Spitzkohl, in sehr feine Streifen geschnitten
4 Karotten, in feine Streifen geschnitten
250 g Gouda, gerieben (nach Belieben)
1 Zwiebel
Verschiedene Gemüse (was gerade im Kühlschrank ist)
1 EL Öl zum Braten

FÜR DAS TOPPING:

4 EL japanische Mayonnaise (siehe Glossar, S. 194)
4 EL Tonkatsu-Sauce (siehe Glossar, S. 196 und Rezept, S. 189)
1 Bund Frühlingszwiebeln oder Schnittlauch, in feine Ringe geschnitten
4 Nori-Blätter, in feine Streifen geschnitten (siehe Glossar, S. 195)

Alle Zutaten für den Teig in einer großen Schüssel verrühren. Das geschnittene Gemüse und den Käse unterziehen.

Das Öl in einer nicht zu großen Pfanne erhitzen. Den Teig hineingießen. Mit Essstäbchen immer wieder Löcher in die Oberfläche stechen, damit das Ganze besser durchgart.

Beide Seiten goldbraun braten, auf einen Teller geben. Mit Mayonnaise und Tonkatsu-Sauce garnieren, mit Frühlingszwiebeln und Nori-Streifen bestreuen. Sofort servieren.

SUKIYAKI
Willkommensfondue

Sukiyaki ist eines meiner Lieblingsgerichte der japanischen Küche. Es ist ein Winteressen, das man am Tisch zubereitet, so ähnlich wie Fondue. Es wird traditionell dann serviert, wenn jemand neu in eine Familie kommt. Man möchte ihm damit sagen: Du bist willkommen. Wir vertrauen dir. Denn wenn man Sukiyaki isst, teilt man mehr als nur den Tisch, man nimmt das Essen mit den Stäbchen direkt aus derselben Pfanne heraus. Eignet sich hervorragend, das Gemüse aufzubrauchen, das man gerade zu Hause hat.

(FÜR 4 PERSONEN)

100 g Reisnudeln
100 g Udonnudeln
100 g Butter
2 Lotuswurzeln, in Scheiben geschnitten (alternativ Karotten)
1 Zwiebel, in feine Streifen geschnitten
100 g Shiitake-Pilze, geviertelt
100 g braune Champignons
100 g Pak Choi, in Bissengröße geschnitten (alternativ Chinakohl)
1 Stück Brokkoli, in Bissengröße
100 g grüne Bohnen, in Bissengröße
200 g Sojasprossen
100 g Rucola
50 g Karottengrün
50 g Frühlingszwiebeln, in Bissengröße
200 g Aburaage (nach Belieben, siehe Glossar, S. 194)
250 g Seidentofu, in Bissengröße

FÜR DIE SAUCE:
100 ml Sojasauce
200 ml Wasser
50 ml Sake
50 ml Agavendicksaft

DAZU:
4 kleine Schalen gekochter japanischer Reis
4 kleine Schalen mit je einem verquirlten Ei

Die beiden Nudelsorten kochen, abgießen, mit kaltem Wasser abspülen und in Schüsseln mit kaltem Wasser zur Seite stellen. Für die Sauce alle Zutaten gut miteinander vermischen.

Eine große Pfanne aus Gusseisen anwärmen und die Butter darin schmelzen lassen. Der Trick bei diesem Gericht ist, dass alle Gemüsesorten separat in die Pfanne gegeben werden, ohne sie zu vermischen, direkt hintereinander, ihrer Garzeit nach: zunächst die Lotuswurzeln und die Zwiebeln, dann die Pilze, den Pak Choi (nur die weißen Teile), Brokkoli und die grünen Bohnen.

Nun die Hälfte der Sauce in die Pfanne gießen und 5 Minuten bei geschlossenem Deckel kochen lassen. Dann die restlichen Zutaten (die grünen Teile des Pak Choi, Rucola, Sojasprossen, Karottengrün, Frühlingszwiebeln, Aburaage, Seidentofu) und die Nudeln hinzufügen, wieder nicht vermischen. Die restliche Sauce eingießen, weitere 3 Minuten kochen lassen und mit dem Reis servieren.

Die verquirlten rohen Eier werden in Schüsseln dazu serviert. Vor dem Essen wird jeder Bissen kurz ins Ei getunkt.

YAKISOBA
Gebratene Nudeln

Yakisoba oder gebratene Nudeln sind nicht nur in Japan ein sehr beliebtes Gericht, man findet es seit Jahrzehnten überall auf der Welt. Die Japaner und die Chinesen streiten sich darum, wer das Gericht denn erfunden habe – ein meiner Meinung nach vollkommen unnötiger Streit, denn die chinesischen gebratenen Nudeln sind ganz anders als die japanischen. Meine Freunde haben mir beigebracht, sie so zuzubereiten wie sie es selbst zu Hause tun, und ich möchte Ihnen dieses gemütliche, unkomplizierte Rezept gerne vorstellen. Es ist vielleicht ein bisschen trockener als die Variante, die man aus den meisten Restaurants kennt, und wird mit dem Gemüse, das man gerade im Kühlschrank hat, und mit Tonkatsu-Sauce zubereitet.

(FÜR 4 PERSONEN)

400 g Mie-Nudeln, gekocht (alternativ Ramen-Nudeln)
1 Karotte, in feine Streifen geschnitten
1 rote Paprika, in feine Streifen geschnitten
1 Zwiebel, in feine Streifen geschnitten
½ Bund Frühlingszwiebeln, in Bissengröße geschnitten
¼ Strunk Brokkoli, in Bissengröße geschnitten
6 Stangen grüner Spargel, in Bissengröße geschnitten
Ca. 4 EL Öl zum Braten
4 EL Tonkatsu-Sauce (siehe Rezept, S. 189 und Glossar, S. 196)
Schwarzer und weißer Pfeffer, frisch gemahlen

ZUM GARNIEREN:
2 TL weißer Sesam

Öl im Wok stark erhitzen. Das geschnittene Gemüse hineingeben und scharf anbraten, sodass das Gemüse angebräunt, aber noch knackig ist. Die Hälfte der Tonkatsu-Sauce hineingießen und warm halten.

Die Nudeln in einer anderen Pfanne anbraten und zum Inhalt des Woks dazugeben. Vermischen und den Rest der Sauce hinzufügen. Mit den beiden Pfeffersorten würzen, mit Sesam bestreuen und sofort servieren.

NITUKE
Pfannengeschmortes Gemüse

Dieses Gericht vermisse ich am allermeisten, wenn ich weit weg von meiner Mutter bin – und deswegen habe ich es auch für meine neuen Freunde gekocht: Nituke hat sie sofort überzeugt. Es ist fast unmöglich, den Geschmack, den meine Mutter aus dem Gemüse herausholt, so hinzubekommen – aber versuchen kann man es ja! Der entscheidende Trick dabei ist, das Ganze sehr lange zu kochen, ohne dass die Zutaten dabei anbrennen. Meine Mutter serviert es immer mit japanischem Reis.

(FÜR 4 PERSONEN)

1 Zwiebel, in feine Ringe geschnitten
1 Karotte, in feine Stifte geschnitten
½ rote Paprika, in feine Streifen geschnitten
1 Tasse Daikon-Rettich, in feine Stifte geschnitten
1 Tasse Weißkohl, in feine Streifen geschnitten
1 Tasse Zucchini, in Stifte geschnitten
1 Tasse Frühlingszwiebeln, in feine Röllchen geschnitten
1 Tasse Weizenkörner, gekocht
1–2 EL Olivenöl
2 EL Sojasauce

ZUM GARNIEREN:
2 Nori-Blätter (siehe Glossar, S. 195), in feine Streifen geschnitten

Das Olivenöl in eine Pfanne geben und erhitzen. Alle Zutaten hinzufügen und langsam bei kleiner Hitze schmoren. Dabei immer wieder wenden – das Gemüse sollte braun werden, aber nicht anbrennen. Auf diese Weise karamellisiert es leicht und bekommt einen ganz besonderen Geschmack. Zum Schluss die Sojasauce unterrühren.

Mit Reis servieren.

PUDDING MIT SCHWARZEM SESAM

Stimmt, dieser Pudding ist süß und fett! Aber immerhin ist Sesam drin, eine Zutat, die in der japanischen Küche sehr beliebt ist und für salzige und süße Speisen verwendet wird. Sesam steckt voller guter Inhaltsstoffe und besitzt wahre Zauberkräfte, was seine Wirkung auf die Gesundheit angeht. Mich hat aber vor allem der wunderbare Geschmack dieses japanischen Puddings bezaubert, als ihn mir meine Freunde zum ersten Mal serviert haben. Heute beschert er mir süße Erinnerungen an meine Zeit im Nippon-Kan.

(FÜR 4 PERSONEN)

50 g schwarzer Sesam, geröstet
3 Eier
¼ TL Salz
100 ml Agavendicksaft
400 ml süße Sahne (vollfett)
200 ml Milch
50 g Zucker

Den Ofen auf 180 Grad vorheizen.

Den Sesam in der Küchenmaschine zu einem feinen Pulver vermahlen. Die Eier mit Salz aufschlagen und dabei langsam den Agavendicksaft einfließen lassen. Dann die Sahne, die Milch und den gemahlenen Sesam unter weiterem Rühren hinzufügen.

Zucker in einer kleinen Backform (oder in 4 einzelnen Förmchen) karamellisieren. Sobald das Karamell fest geworden ist, die Eiermischung einfüllen und die Form/Förmchen für etwa 25 Minuten in den Backofen geben. Leicht abkühlen lassen und den Pudding aus der Form stürzen. Für einige Stunden in den Kühlschrank stellen und gekühlt servieren.

KAPITEL 4

Mottainai: Nichts verschwenden

Wie Brot ein langes Leben hat

Als ich mich in Deutschland einlebte, fiel mir auf, wie viele unterschiedliche Sorten wunderschöner, knuspriger Brote in den Verkaufsregalen der Bäckereien lagen – und überhaupt, was für eine besondere, reiche Brotkultur das ganze Land hat. Aber erst nachdem ich Joachim Weckmann, den Inhaber der Bäckerei „Märkisches Landbrot", kennengelernt hatte, begann ich, mich so richtig für Brot zu begeistern. Ich traf ihn bei einer Veranstaltung von „Teller und Tonne", bei der ich kochte. Er lehnte es ab, die gar nicht nachhaltige Papierserviette anzunehmen, die ich ihm anbot – aber zum Glück mochte er mein Essen! Joachim ist einer der konsequentesten und inspirierendsten Menschen, die mir je begegnet sind. Seit 1981 führt er ein Unternehmen, dem die sozialen Belange seiner Mitarbeiter wichtig sind und backt gutes Brot aus biologisch, regional und fair angebauten Grundprodukten. Außerdem hat er einige tolle Projekte mitinitiiert, die sich für eine nachhaltigere Zukunft einsetzen.

Brot ist das Lebensmittel, das in Deutschland am meisten konsumiert wird. Brot liegt den Menschen wahrscheinlich am meisten am Herzen, sie essen Brot zum Frühstück, zum Mittagessen und zum Abendessen – und oft auch zwischendurch. Sie kaufen jede Menge Brot, essen es aber nicht unbedingt auf: Jeder von uns wirft pro Jahr durchschnittlich 6 Kilogramm Brot in den Mülleimer. Welche Missachtung dieses so wichtigen Nahrungsmittels!

Dass das nicht immer so war, zeigen die vielen traditionellen Rezepte, in denen aus altbackenem Brot köstliche Speisen zubereitet werden, indem das Brot eingeweicht, gerieben oder geröstet wird. In jedem Land, wo Brot gebacken wird, gibt es auch entsprechende Rezepte: Arme Ritter und Brotsuppe in Deutschland, Panzanella-Salat und Ribollita in Italien, Migas und Gazpacho in Spanien und Portugal, Pain Perdu in Frankreich, Fattoush-Salat im Libanon, Semmel- und Serviettenknödel in verschiedenen Ländern Mitteleuropas, Bread Pudding in Großbritannien und vielen anderen Ländern, etwa Capirotada in Mexiko oder Shahi Tukda in Indien.

Die Begegnung mit Joachim Weckmann hat unter anderem zu meinem ersten Kochbuch *Kochen mit Brot* geführt – ein Buch gegen die Lebensmittelverschwendung mit Rezepten, in denen altbackenes Brot in leckere Gerichte verwandelt wird. Ich stelle Ihnen in diesem Kapitel einige Rezepte vor, die diesem wertvollen Produkt gewidmet sind: Brot ist zum Wegwerfen einfach viel zu gut!

ERDKUCHEN

Wahrscheinlich haben wir alle als Kinder im Sandkasten Kuchen gebacken. Ich kann mich jedenfalls noch genau daran erinnern, wie ich es geliebt habe, in meinem Kindergarten „Arco-Iris", auf Deutsch „Regenbogen", mit Erde und Sand zu kochen – und am Ende auch davon zu kosten ... Dieser Kuchen ist eine Hommage an dieses Kinderglück. Er ist so einfach zu machen wie die Kuchen damals im Sandkasten – aber ich kann Ihnen versprechen, dass er besser schmeckt.

(ERGIBT 15 SCHEIBEN)

2 TL Olivenöl
1 Zwiebel, fein gewürfelt
4 Knoblauchzehen, fein gehackt
50 g Esskastanien
200 g Mandelmehl
50 g altbackenes Vollkorn- oder Roggenbrot
220 g Blauschimmelkäse
1 Ei
4 TL frisches Basilikum, gehackt
Salz und Pfeffer
Öl zum Einfetten der Form

ZUM GARNIEREN:
Schnittlauchstängel

1 Bogen Backpapier

Backofen auf 180 Grad vorheizen.

Das Olivenöl in eine vorgewärmte Pfanne geben. Zwiebeln und Knoblauch kurz darin anbraten. Die Esskastanien, das Mandelmehl, den zerkrümelten Blauschimmelkäse, das zerbröselte Brot und das Ei im Mixer zerkleinern und gut miteinander vermischen. Mit Basilikum, Salz und Pfeffer abschmecken.

Eine kleine Kasten- oder Brotbackform mit Öl einfetten und mit Backpapier auslegen. Die Masse hineingeben und im auf 180 Grad vorgeheizten Backofen 20 bis 25 Minuten backen. Abkühlen lassen.

Vor dem Servieren mit den Schnittlauchstängeln dekorieren: Sie sollen aus dem Kuchen wachsen wie kleine Pflanzen aus der Erde ...

SCHNITTCHEN IM BAUHAUSSTIL

Vor einiger Zeit bekam ich die Einladung, einen Beitrag für ein Kochbuch zu liefern – ein Kochbuch von in Berlin lebenden Einwanderern, die etwas Kreatives machen. Nun liebe ich Brot – und ich liebe Kunst. Dieses Rezept verbindet auf witzige Weise einen simplen kleinen Imbiss mit den großen gestalterischen Ideen und Farben des Bauhauses. Und es ist die Rettung, falls man mal zu viel Brot eingekauft hat.

(FÜR 4 PERSONEN)

4 Scheiben Vollkorntoastbrot oder anderes Kastenbrot, in Dreiecke geschnitten

FÜR DEN AUFSTRICH:
2 EL Olivenöl
1 Zwiebel, fein gewürfelt
1 Knoblauchzehe, fein gewürfelt
50 g Fenchel, fein gewürfelt
100 g gelbe Linsen
2 Lorbeerblätter
¾ Liter Gemüsebrühe (siehe Rezept, S. 188)
2 TL Currypulver
1 TL Kurkuma
Salz und Pfeffer
2 TL frische Minze, gehackt

ZUM GARNIEREN:
1 gelbe Paprikaschote, in kleine Würfel geschnitten
Minzblätter
Dill

Zwiebel, Knoblauch und Fenchel im Olivenöl andünsten. Linsen und Lorbeerblätter dazufügen und mit der Gemüsebrühe aufgießen. Alles aufkochen und etwa 20 Minuten köcheln lassen, bis die Flüssigkeit verkocht ist und die Linsen weich sind. Anschließend mit Currypulver, Kurkuma, Salz und Pfeffer abschmecken. Etwas abkühlen lassen, dann die gehackte Minze unterrühren.

Die Brotschnitten mit dem Linsenmus bestreichen und mit den gelben Paprikawürfeln und den Kräutern garnieren.

VATAPÁ
Brasilianischer Eintopf

Vatapá ist ein traditionelles Eintopfgericht aus Brasilien. Seine Ursprünge hat es in der mit der Candomblé-Religion verknüpften afrobrasilianischen Esskultur des Nordostens. Es wird auf viele unterschiedliche Arten serviert: als superbeliebtes Street Food in Bahia, als Füllung für Acarajé (frittierte Bällchen aus Schwarzaugenbohnenmehl), als Beilage zu Moqueca (einem Fisch- oder Shrimpseintopf) – oder klassisch mit Reis, Caruru (einem Okraschotenragout) und Farofa (geröstetem Maniokmehl, siehe Rezept, S. 178). Vatapá wird meist mit getrockneten Shrimps oder anderem Fisch zubereitet, meine Version ist vegetarisch. Sie bietet eine tolle Möglichkeit, altbackene Brötchen zu recyceln. Mein persönlicher Tipp: Beim Kochen der brasilianischen Sängerin Gal Costa dabei zuhören, wie sie das Lied „Vatapá" singt, darin geht es näm-lich genau darum, wie man dieses wunderbare Gericht zubereitet.

(FÜR 4 PERSONEN)

5 altbackene Brötchen
200 ml Kokosmilch
2 Zwiebeln, grob gewürfelt
1 rote Paprika, grob gewürfelt
3 Tomaten, geschält und entkernt
1 Pimenta de Cheiro oder Malagueta-Chili, entkernt (siehe Glossar, S. 195)
150 g Cashewnüsse, geröstet und gemahlen
100 g Erdnüsse, geröstet und gemahlen
1 Tasse Azeite de Dendê (Palmöl, siehe Glossar, S. 194)
1 Handvoll frische Petersilie, gehackt
1 Handvoll frischer Koriander, gehackt
Salz und Pfeffer

Die Brötchen in kaltes Wasser legen, bis sie aufgehen. Her-ausnehmen, ausdrücken und mit der Hälfte der Kokosmilch mit dem Stabmixer pürieren. Zur Seite stellen.

Zwiebeln, Paprika, Pimenta/Chili und Tomaten ebenfalls pürieren. Nun alle Zutaten – bis auf das Palmöl und die Kräuter – vermischen und unter ständigem Rühren etwa 25 Minuten köcheln lassen. Das Gericht sollte eine püreeartige Konsis-tenz haben.

Zum Schluss das Palmöl und die Kräuter dazugeben und mit Salz und Pfeffer abschmecken. Kann warm oder kalt serviert werden und schmeckt sehr gut – wie auf unserem Bild auf der übernächsten Seite – mit etwas knackig blanchiertem Gemüse.

STEINPILZ-SERVIETTENKNÖDEL
MIT KERBELSUPPE

Vor einiger Zeit hat mich der bekannte Fernsehkoch Tim Mälzer eingeladen, mit ihm ein Gericht aus Überbleibseln zu kochen. Ich fuhr mit dem Zug nach Hamburg, und wir unterhielten uns dort sehr lustig über die Schnittstellen von Essen und Kunst. Er kochte ein Gericht für mich und ich eines für ihn. Mein Gericht hat seine Geschmacksknospen so sehr erfreut, dass er es auf seinem Blog weiterempfohlen hat. Und das Gericht, das er mir gezeigt hat, hat mich zu diesem Rezept inspiriert – mit einem Serviettenknödel aus altbackenem Brot und getrockneten Pilzen. Danke für die Unterstützung, lieber Tim!

(FÜR 4 PERSONEN)

FÜR DEN SERVIETTENKNÖDEL:

15 getrocknete Steinpilze
250 g altbackenes Brot verschiedener Sorten, in Stückchen geschnitten
250 ml Milch, lauwarm
1 EL Butter
3 Eier
1 Handvoll Petersilie, fein gehackt
1 Zwiebel, gerieben
1 EL Olivenöl
1 Msp. Muskatnuss, frisch gerieben
Salz und Pfeffer

FÜR DIE KERBELSUPPE:

2 EL Olivenöl
2 Zwiebeln, gehackt
3 Stangen Lauch, gehackt
2 Bund Kerbel, gehackt
500 ml Gemüsebrühe (siehe Rezept, S. 188)
Salz und Pfeffer

ZUM GARNIEREN:

Feine Reisnudeln
Olivenöl zum Frittieren
Einige Kerbelblätter und essbare Blüten

Kochfeste Frischhaltefolie

Zunächst den Knödel zubereiten: Die getrockneten Pilze in eine Schüssel geben, mit 100 Millilitern heißem Wasser übergießen und 15 Minuten einweichen lassen. Abgießen, dabei das Einweichwasser auffangen und zur Seite stellen. Pilze hacken. Das Brot mit Milch, Eiern, Butter, gehackter Petersilie, geriebener Muskatnuss und dem Salz vermischen und etwa 15 Minuten durchziehen lassen. Das Olivenöl in einer Pfanne erhitzen und die Zwiebel mit den Pilzen darin anrösten. Etwas abkühlen lassen und zur Brotmischung geben.

In einem weiten Kochtopf Salzwasser und das aufgefangene Pilzwasser zum Kochen bringen.

Ein langes Stück Frischhaltefolie auf der Arbeitsfläche auslegen, die Brotmasse in der Mitte verteilen und eine Rolle formen. Beide Enden der Folie wie bei einem Bonbon mit Küchengarn verschließen. Die Knödelrolle in das siedende Wasser hängen und so fixieren, dass die Rolle den Topfboden nicht berührt. Bei mittlerer Hitze etwa 30 Minuten kochen. Anschließend vorsichtig herausnehmen und einige Minuten ausdampfen lassen. Dann das Garn lösen und die Folie entfernen. Vor dem Servieren in Scheiben schneiden.

Für die Suppe die Zwiebeln und den Lauch bei mittlerer Hitze im Olivenöl anbraten. Mit der Gemüsebrühe aufgießen. Den Kerbel hinzufügen und 15 Minuten köcheln lassen. Fein pürieren und mit Salz und Pfeffer abschmecken.

Die Reisnudeln in etwas Olivenöl frittieren. Zum Servieren die Kerbelsuppe in tiefe Teller gießen, in die Mitte jeweils eine Scheibe Serviettenknödel setzen und mit Kerbelblättern, essbaren Blüten und den Reisnudeln dekorieren.

RECYCELTES BROT MIT ÄPFELN, NÜSSEN UND INGWERSAUCE

Dieses Rezept ist eine köstliche Variante der „Armen Ritter" – einer Speise, die es nicht nur in Deutschland, sondern in zahlreichen Küchen der Welt gibt: zum Beispiel in Spanien als „Torrijas", in den USA als „French Toast" und in Frankreich als „Pain Perdu" – verlorenes Brot, das man aber doch nicht verloren gibt. Wenn man weniger Zeit hat, kann man das recycelte Brot natürlich auch ohne Äpfel und Creme servieren, sondern einfach mit Honig, Walnuss- oder Fruchtsirup oder mit frischen Früchten und Schlagsahne.

(FÜR 4 PERSONEN)

4 Scheiben Brot, in Dreiecke halbiert
2 Eier
100 ml Milch
1 TL Honig
Zimt
Vanille
15 g Butter

FÜR DIE MASCARPONECREME:
100 g Mascarpone
100 ml Schlagsahne
Abgeriebene Schale einer Zitrone

FÜR DIE ÄPFEL:
50 g Butter
2 säuerliche Äpfel, in Schnitze geschnitten
4 EL frisch gepresster Orangensaft
2 TL Ahornsirup
1 TL Weinbrand
1 TL Walnüsse, gehackt

ZUM GARNIEREN:
Ingwersirup (siehe Rezept, S. 189)
Abgeriebene Schale einer ½ Zitrone

Den Backofen auf 180 Grad vorheizen.

Alle Zutaten der Mascarponecreme miteinander glatt rühren.

Milch, Eier, Zimt, Honig und Vanille verrühren. Kurz in den vorgewärmten Ofen geben, damit sich das Vanillearoma besser entfalten kann. Anschließend die Brotscheiben für wenige Minuten in die Eier-Milch-Mischung einlegen. Butter in einer Pfanne schmelzen lassen und das Brot darin von beiden Seiten goldbraun braten. Anschließend 10 Minuten im Ofen warm stellen.

Die Apfelschnitze in 15 Gramm Butter bissfest kochen. Orangensaft, Ahornsirup und Weinbrand dazugeben und einige Minuten weiterköcheln lassen. Die Äpfel sollen weich sein, aber nicht zerfallen. Vom Herd nehmen, die Walnüsse und die restliche Butter einrühren.

Zum Servieren die Äpfel auf den Brotschnitten verteilen. Die Mascarponecreme darübergeben, mit Ingwersirup besprenkeln und mit Zitronenzesten bestreuen.

KAPITEL 5

Mottainai: Ressourcen schonen

Wie man Gemüse, Obst und Milch rettet

Mottainai bedeutet, der Natur und allen Menschen, die an der Produktion von Nahrungsmitteln beteiligt sind, mit Respekt zu begegnen: dem Erdboden, den Samen, dem Regen und der Sonne, dem Bauern, der die Lebensmittel anbaut, dem Menschen, der sie zum Markt bringt, dem, der sie auf dem Markt verkauft – und natürlich den Lebensmitteln selbst.

Sich um die Lebensmittel kümmern: sie fermentieren, konservieren, einfrieren, trocknen oder dörren: Man kann Lebensmittel davor bewahren, zu verderben und in der Mülltonne zu landen. Sie haben ein Nachleben, das gesund ist und voll von Aromen. Es gibt in allen Kochkulturen eine ganze Reihe von Methoden, Lebensmittel vor dem Wegwerfen zu retten – ich habe mich mit vielen davon beschäftigt und sie ausprobiert.

Fast alle Kräuter und viele verschiedene Gemüse und Früchte kann man trocknen. Das Wichtigste beim Trocknen ist, dass die Rahmenbedingungen stimmen: Der Raum zum Trocknen muss sehr sauber, gut durchlüftet, warm und trocken sein. Man kann natürlich auch den Backofen oder einen Dörrautomaten zum Trocknen und Dörren von Lebensmitteln verwenden – angesichts des hohen Energieverbrauchs ist das allerdings keine wirklich nachhaltige Methode. Dasselbe Problem hat man auch beim Einfrieren: zu viel Strom! Deshalb sind mir die uralten, in vielen Kulturen verbreiteten Methoden der Fermentierung die liebsten.

Alexis Goertz, eine der Mitbegründerinnen des kanadisch-deutschen Unternehmens Edible Alchemy, hat mir diverse Methoden der Fermentierung gezeigt. Einige davon möchte ich in diesem Kapitel gerne an Sie weitergeben. Alexis interessiert sich für alle Arten der Fermentation, und weil sie ungewöhnliche Zutaten miteinander kombiniert, schafft sie ganz neue, einzigartige Aromen.

Das Tolle an fermentierten Lebensmitteln ist – einmal abgesehen davon, dass sie Lebensmittel vor der Tonne retten, für eine bessere Verdauung sorgen und uns viele Mineralien und Vitaminen liefern –, dass sie sehr besonders und nie gleich schmecken, auch wenn sie nach dem genau gleichen Rezept zubereitet wurden: Das Ergebnis ist immer anders! Und das ist möglicherweise auch der Grund, warum Fermentation in vielen Spitzenrestaurants rund um die Welt ein so bedeutender Trend geworden ist.

MISOZUKE

Misozuke kann man mit unterschiedlichen Gemüsesorten zubereiten. Besonders gern habe ich es mit Auberginen, es funktioniert aber auch sehr gut mit Gurken oder Rettich. Tsukemono sind eingelegte Gemüse oder auch Früchte, die für gewöhnlich mit Reis oder als Okazu, als Beilage, serviert werden. Es gibt ganz verschiedene Methoden, Tsukemono zu machen: wie in diesem Rezept mit Miso, oft wird das Gemüse in Salz oder in ein Gemisch aus Salz, Zucker und Reisessig eingelegt. Andere Varianten sind Shoyuzuku (mit Sojasauce), Kasazuke (mit Sake-Trester, einer Paste, die bei der Sake-Produktion übrigbleibt), Koji (eine Pilzkultur aus Vollkornreis), Karashizuke (mit scharfem Senf und Sake-Trester) und Satozuke (mit Zucker). Fukujinzuke mag meine Mama besonders gern: Dafür legt man verschiedene Gemüsesorten wie Rettich, Aubergine, Lotuswurzel und Gurke in eine aromatische Marinade aus Sojasauce, Wasser, Sake, Mirin und Zucker ein. Auf den japanischen Straßenmärkten findet man eine Unzahl an verschiedenen Tsukemono – alles, was ich probiert habe, war einfach göttlich.

4 kleine Auberginen, in Stifte geschnitten
4 EL rote oder weiße Misopaste (nicht pasteurisiert)

Beide Zutaten miteinander vermischen, in ein verschließbares Gefäß geben und 24 Stunden in einem kühlen Raum stehen lassen.

Danach im Kühlschrank aufbewahren und mindestens einmal täglich umrühren, damit sich auf der Oberfläche keine Bakterien ansammeln können. Innerhalb von 5 Tagen verbrauchen.

PICKLES
Sauer eingelegtes Gemüse

Gemüse sauer einzulegen, ist eine gute Methode, um es haltbar zu machen. Die Säure des Essigs verhindert, dass sich Keime bilden und konserviert so das Gemüse. Man braucht dazu keinen Kühlschrank, auch der Energieaufwand beim Einkochen hält sich in Grenzen. Die Gemüse werden nach diesem Rezept roh ins Glas gegeben und nur kurz gekocht. Natürlich können Sie Ihr Lieblingsgemüse auch einzeln einlegen und bei der Kombination der Gewürze und Kräuter nach Lust und Laune experimentieren.

(PRO GLAS À 500 MILLILITER)

1 Karotte, in Stifte geschnitten
½ Blumenkohl, in Röschen zerlegt
½ Brokkoli, in Röschen zerlegt
1 Zwiebel, geviertelt
1 Knoblauchzehe, geschält
½ rote Paprikaschote, in Stifte geschnitten
¼ Rettich, in Stifte geschnitten
25 g grüne Bohnen
1 kleine Einmachgurke, in Scheiben geschnitten
½ kleine Zucchini, in Scheiben

FÜR DEN SUD:
0,75 l guten Essig
1,5 l Wasser
375 g braunen Zucker
80 g Salz

GEWÜRZE UND KRÄUTER NACH GESCHMACK:
Chili, Lorbeerblätter, Senfsamen, Fenchelsaat, Gewürznelken, Kardamomkapseln, Pfefferkörner, Koriandersaat, Ingwer, Estragon, Bohnenkraut, Dill

Olivenöl zum Bestreichen des Glasrands
Saubere, sterilisierte Einmachgläser mit Schraubverschluss

Zunächst den Sud kochen (er reicht für mehrere Gläser): Essig, Wasser, Salz und Zucker vermischen und aufkochen.

Das gut gewaschene, geputzte und zerkleinerte Gemüse in die sterilisierten Einmachgläser schichten. Je nach Geschmack verschiedene Gewürze und Kräuter hinzufügen. So viel Sud ins Glas einfüllen, dass das Gemüse vollständig bedeckt ist. Den Glasrand säubern und mit Olivenöl bestreichen. Den Deckel aufsetzen und gut verschließen.

Die Einmachgläser nun in einen großen Topf mit Wasser stellen, sodass sie bis 2 Zentimeter unter dem Rand bedeckt sind, und das Wasser zum Kochen bringen. Dann eine Minute kochen lassen. Anschließend die Gläser herausnehmen und abkühlen lassen.

Möglichst kühl und dunkel aufbewahren. Etwa einen Monat durchziehen lassen und am besten im Lauf von 6 Monaten verzehren. Die Pickles sind zwar noch länger haltbar, aber ihre Farbe verändert sich.

VEGANE KIMCHI

Kimchi ist fermentiertes Gemüse, üblicherweise Kohl, Rettich, Frühlingszwiebeln und Gurken, die mit einer Reihe von Gewürzen – u.a. Knoblauch, Ingwer, Chili – milchsauer vergoren werden. In Korea gibt es Kimchi als Beilage zu quasi jedem Essen, sie gelten als eine Art Nationalheiligtum. *Kimjang*, die Herstellung von Kimchi, wurde auf Vorschlag Koreas 2013 sogar in die UNESCO-Liste des Immateriellen Kulturerbes aufgenommen! Kimchi sind eigentlich nicht vegetarisch, denn normalerweise werden sie mit getrockneten Shrimps und Fisch sowie mit Shrimps-, Austern- oder Fischsauce zubereitet. Umso mehr freue ich mich über diese vegetarische Zubereitungsart, die ich so ähnlich bei Alexis Goertz kennengelernt habe.

3 mittelgroße Köpfe Chinakohl
1/8 Tasse Meersalz
5 Karotten, in feine Streifen geschnitten
1 rote Chili, gehackt
3–4 kleine Zwiebeln, gehackt

FÜR DIE WÜRZPASTE:
¼ Tasse stilles Wasser
2 EL Mochiko (süßes Reismehl, siehe Glossar, S. 195)
4 Knoblauchzehen, fein gehackt
1 Stück Ingwer, geschält und fein gehackt (ca. 3 cm)
3 EL Gochugaru (Chiliflocken, siehe Glossar, S. 194)
2 EL rote Misopaste

Behälter (Gärtopf oder Glas)

Den Chinakohl zunächst vierteln, dann der Länge nach in etwa 2 Zentimeter große Stücke schneiden. In eine große Schüssel geben, mit Salz bestreuen und eine halbe Stunde beiseitestellen, damit er Wasser zieht. Wer sich mehr Zeit nehmen will, kann den Kohl auch über Nacht stehen lassen. Danach herausnehmen und gut auspressen.

Nun das Mochiko mit dem Wasser verrühren. In einen Topf geben und unter ständigem Rühren erhitzen, bis die Mischung aufkocht. Köcheln lassen, bis sie eindickt. Vom Herd nehmen und leicht abkühlen lassen.

Karotten, Paprika und Zwiebeln zum Chinakohl geben. Knoblauch, Ingwer, Chiliflocken und Misopaste zur Reispaste geben und gut verrühren. Die Würzpaste über das Gemüse gießen und gut vermengen, damit sie sich gleichmäßig verteilt.

Nun alles in einen Gärtopf oder ein sauberes Glas füllen. Sorgfältig mit einigen gesalzenen Chinakohl-Blättern abdecken und mit Gewichten beschweren. 3 Tage bei Raumtemperatur lagern und fermentieren lassen. Danach im Kühlschrank aufbewahren.

JOGHURT

Wie sich zu viel eingekaufte Milch und ein Joghurtrest nach diesem Rezept zu einem feinen Joghurt verarbeiten lassen, hat mir ebenfalls Alexis Goertz gezeigt. Selbst gemachter Joghurt schmeckt nicht nur viel besser als fertig gekaufter, man vermeidet damit auch Verpackungsmüll, Transportkosten – und Zucker. Den selbst gemachten Joghurt können Sie mit allen möglichen Dingen, die Sie noch zu Hause haben, aromatisieren, zum Beispiel mit Marmeladen- und Honigresten, nicht mehr ganz taufrischen Beeren oder überreifen Bananen.

(FÜR 8 GLÄSER À 150 ML)

125 g Naturjoghurt (3,8 % Fett)
1 l frische Vollmilch (3,8 % Fett)

Küchenthermometer
Gläser mit Schraubverschluss

Die Milch unter ständigem Rühren auf 82 Grad erhitzen. Sobald diese Temperatur erreicht ist, vom Herd nehmen und auf 43 Grad abkühlen lassen. Nun die Milch mit dem Joghurt „impfen": Den zimmerwarmen Joghurt einrühren und alles in Gläser abfüllen.

3 bis 5 Stunden im Backofen auf einer Temperatur von 46 Grad halten, sorgfältig mit dem Thermometer kontrollieren (eventuell die Tür des Backofens etwas geöffnet halten oder nach Bedarf die Temperatur herab- oder herunterdrehen).

Zum Aufbewahren in den Kühlschrank stellen und etwa 24 Stunden fest werden lassen. Den Joghurt innerhalb von 3 bis 4 Tagen verzehren.

HIMBEERKWAS

Normalerweise wird Kwas, das russische Nationalgetränk, aus fermentiertem Roggenbrot hergestellt und ist eine spannende Art, altes Roggenbrot zu recyceln. Fruchtkwas hingegen ist eine wunderbare Methode, zu viel gekauftes Obst in ein äußerst wohlschmeckendes, leicht moussierendes Getränk zu verwandeln. Fruchtkwas lässt sich mit allen Obstsorten herstellen: Himbeeren können einfach so hineinwandern, Früchte mit dickerer Oberfläche (Erd- und Heidelbeeren, Äpfel, Trauben, Aprikosen, Feigen etc.) werden halbiert, in Scheiben geschnitten oder zerquetscht, auch Trockenfrüchte können verwendet werden. Früchte mit sehr weichem Fruchtfleisch wie Mangos, Bananen oder Honigmelonen fermentieren schneller und bilden leichter Alkohol. Je nach Zuckergehalt und Temperatur verläuft die Fermentierung anders – und je nach zugegebenen Gewürzen (Zimt, Vanille, Kardamon, Sternanis) schmeckt der Kwas anders: viel Platz zum Experimentieren!

(ERGIBT CA. 1 LITER)

750 ml Wasser (chlorfrei)
250 g sehr reife Himbeeren
1–2 EL Honig (nicht pasteurisiert)
Einige Scheiben Ingwer

Ein Einmachglas (1 Liter)

Himbeeren, Honig und Ingwerscheiben in ein sauberes Einmachglas füllen, mit Wasser übergießen. Oben einige Zentimeter Platz lassen, das Glas verschließen und täglich einige Male schütteln, damit sich keine unerwünschten Bakterien an der Oberfläche sammeln können.

Nach etwa 24 Stunden bilden sich Bläschen an der Oberfläche. Zwischendurch immer wieder mal öffnen und probieren.

Nach 2 bis 3 Tagen ist der Kwas trinkfertig – die Früchte sehen dann wie gekocht aus. Durch ein feines Sieb abgießen und genießen. Hält sich im Kühlschrank etwa eine Woche.

KAPITEL 6

Mottainai:
Die Natur achten

Was mir lokale, nachhaltige Landwirtschaft bedeutet

Ich bin in São Paulo aufgewachsen, einer der größten Städte der Welt. Ein echter Betondschungel, voller Hochhäuser und ohne jeden Raum, um sich zu treffen oder miteinander zu spielen. Der nächste Park in der Nähe unserer Wohnung war der Ibirabuera-Park – und obwohl er eigentlich nicht weit entfernt war, brauchte man eine Stunde, um dorthin zu kommen, weil die Straßen so verstopft waren. Ich habe die Natur immer vermisst und davon geträumt, Pflanzen einzusetzen und mein eigenes Gemüse zu ernten.

„Wir leben in einem Zeitalter der Krisen: Klimawandel, Umweltzerstörung und Ressourcenknappheit. Unser gegenwärtiger Lebensstil trägt nicht nur bedeutend zum schnellen Wachstum dieser Krisen bei, sondern ist ihre Ursache. Es ist höchste Zeit, zu einem wirklich nachhaltigen System überzuwechseln", schreibt die aus Chicago stammende und in Berlin lebende Künstlerin und Food-System-Planerin Lynn Peemoeller. Und der Anthropologe Eduardo Viveiros de Castro schlägt uns vor, wieder ganz ursprünglich zu leben. Zurück zum Ursprung: Wir sollten nur das essen, was wir selbst produzieren können.

Klingt reichlich utopisch? Vielleicht, aber es gibt eine ganze Menge Projekte, die auf solche Ideen zurückgehen. Projekte, die wirklich funktionieren, wie zum Beispiel das SpeiseGut, ein solidarisches Landwirtschaftsprojekt in Berlin. Christian Heymann, den Betreiber des SpeiseGuts, habe ich bei einem Aktionstag gegen Lebensmittelverschwendung in der Berliner Markthalle Neun kennengelernt. Wir kamen in ein inspirierendes Gespräch, wenig später besuchte ich seinen Bauernhof, und schließlich schloss ich mich diesem vorbildlichen Projekt an. Es geht dabei darum, kleine lokale Bio-Produzenten zu unterstützen, eine neue Beziehung zur Natur aufzubauen, gemeinsam auf dem Feld zu werkeln und nur nach Bedarf zu produzieren – also ohne Überschuss, der im Müll landen würde.

Im SpeiseGut habe ich auch das gefunden, was mir als Kind gefehlt hat – außerdem beschert es mir regelmäßig einige der schönsten Momente mit meinem Sohn. Wir können dort zusehen, wie „unsere" Pflanzen wachsen, sie gießen und lernen, was sie brauchen, um zu wachsen. Wir sind draußen, jäten Unkraut, ernten gemeinsam, schnuppern den Duft der Tomatenpflanzen und nehmen stolz die selbst ausgebuddelten Kartoffeln mit nach Hause. Wir treffen Freunde und erleben mit, wie eine Gemeinschaft rund um die Ernährung organisiert werden kann.

Ich bin dort Teil einer gar nicht so kleinen Gruppe von Träumern. Wir träumen davon, dass dies ein Weg sein könnte, in Harmonie mit unserem Planeten zu leben. Und wir träumen nicht nur davon, sondern haben uns bereits auf den Weg gemacht. Die Rezepte in diesem Kapitel verwenden regionale Zutaten, die es in der jeweiligen Erntezeit im Überfluss gibt.

ROTE-BETE-SUPPE MIT APFEL UND INGWER

Diese Suppe war eines meiner Lieblingsessen, als ich schwanger war – und eines der ersten Gerichte, die ich für meinen Sohn gekocht habe: Mit etwas weniger Brühe funktioniert das Rezept wunderbar als Brei! Es geht schnell, man braucht nur einen Topf und hat trotzdem eine ganze, gesunde Mahlzeit. Rote Bete ist ein eisenreiches Gemüse und auch die anderen Zutaten enthalten viele Vitamine und sind leicht zu verdauen: Äpfel sind reich an Vitamin C und wichtig für die Eisenaufnahme. Das Kürbiskernöl und die Körner sorgen mit ihren Fetten dafür, dass unser Körper das Vitamin B absorbieren kann.

(FÜR 4 PERSONEN)

1 Zwiebel, in grobe Würfel geschnitten
1 Knoblauchzehe, gehackt
1 daumengroßes Stück Ingwer, gehackt
2 Karotten, in grobe Würfel geschnitten
2 Kartoffeln, in grobe Würfel geschnitten
2 Rote Beten, in grobe Würfel geschnitten
1 l Gemüsebrühe (siehe Rezept, S. 188)
2 Äpfel, geviertelt

ZUM GARNIEREN:
4 TL Petersilie, gehackt
2 TL Sesam, geröstet
2 TL Kürbis- oder Sonnenblumenkerne, geröstet

Zwiebeln, Knoblauch, Ingwer und das Gemüse in einen Topf geben und knapp mit Gemüsebrühe bedecken. Alles zum Kochen bringen und dann etwa 10 Minuten köcheln lassen, bis das Gemüse weich ist. Vom Herd nehmen, die Äpfel roh dazugeben und alles fein pürieren.

Mit Petersilie, Sesam und den Kernen bestreuen. Sofort servieren.

DIE NATUR ACHTEN

TORTA VERDE
Grüner Gemüsekuchen

Dies ist ein Rezept, das aus der norditalienischen Region Ligurien stammt. Normalerweise werden dafür, wie der Name schon sagt, alle möglichen grünen Gemüse verwendet, eben Spinat wie in diesem Rezept, oder Mangold, Zucchini, Artischocken oder Karden. Man kann die Torta aber auch mit anderen Gemüsesorten zubereiten, zum Beispiel mit Kürbis – dann hat man keinen Kuchen mit grüner, sondern mit orangefarbener Füllung. Das Wunderbare an dieser Torta ist, dass man sie je nach Jahreszeit und vorhandenem Gemüse variieren kann.

(FÜR 4 PERSONEN)

2 Packungen Blätterteig

FÜR DIE FÜLLUNG:

1 kg frischen Spinat
1 EL Olivenöl
1 Zwiebel, in Würfel geschnitten
1 Knoblauchzehe, fein gehackt
3 Eier
200 g übrig gebliebener Reis, gekocht (Rundkorn)
200 g geriebener Parmesan
Salz und Pfeffer

Butter oder Öl zum Einfetten der Backform(en)

Den Backofen auf 180 Grad vorheizen.

Den Spinat (oder das andere Gemüse) putzen und in kochendem Wasser blanchieren. Gut abtropfen lassen und grob hacken. Das Olivenöl in einer großen Pfanne erhitzen. Zwiebel und Knoblauch etwa 2 Minuten anschwitzen, die Spinatblätter kurz mitsautieren. Abkühlen lassen.

Eier, Reis, Parmesan und das angeschwitzte Gemüse vermischen, mit Salz und Pfeffer würzen.

Die Backform (Durchmesser 25 Zentimeter) oder 4 ofenfeste Förmchen einfetten. Eine Teigplatte darin auslegen und den Rand hochziehen. Die Füllung darauf verteilen. Mit der zweiten Teigplatte abdecken. Einige Male mit einer Gabel einstechen und mit etwas Olivenöl besprenkeln. Die große Form im vorgeheizten Ofen etwa 40 bis 45 Minuten backen, die kleinen Förmchen ca. 10 bis 15 Minuten.

GURKENRELISH

In einer meiner ersten Kindheitserinnerungen sehe ich mich im Garten Minzeblätter pflücken, klein schneiden, in einem ausgedachten Kochtopf kochen, um sie dann meinen Puppen zu servieren. Später hatte Kochen für mich nicht nur mit meiner Mutter, meinem Vater und meinen Puppen zu tun, sondern auch mit Dona Antonia, einer alten Frau, die uns von Montag bis Freitag im Haushalt geholfen hat. Dona Antonia hatte immer ein Lächeln auf den Lippen, und beim Kochen sang sie. Sie hat sehr einfach gekocht. Wenn ich genau darüber nachdenke, eigentlich kaum etwas anderes als Reis und Bohnen. Vielleicht ist das der Grund, warum ich zwar verrückt nach neuen Rezepten und Geschmäckern bin, aber gleichzeitig sehr zufrieden damit sein kann, „das immer Gleiche" zu essen. Dieses Rezept war eines meiner liebsten, als ich auf der SENAC war, der Schule für Gastronomie in São Paulo. Dort habe ich auch gelernt, dass „das immer Gleiche" auch ganz unterschiedlich schmecken kann …

(FÜR 4 GLÄSER À 250 MILLILITER)

700 g Gurken, in Würfel geschnitten
450 g Zwiebeln, in Würfel geschnitten
70 g Salz, jodfrei und ohne Zusatzstoffe
1 l Wasser
1 l Essig
600 g Zucker
1 rote Chilischote, in Ringe geschnitten
2 EL Senfkörner

4 Einmachgläser mit Schraubverschluss, sterilisiert

Gurke und Zwiebeln in eine große Schüssel geben, Salz und Wasser hinzufügen. Abdecken und über Nacht in den Kühlschrank stellen. Am nächsten Tag abtropfen lassen, abspülen und nochmals abtropfen lassen.

Essig, Zucker, Chili und Senfkörner in einen großen Topf geben und aufkochen. Gurken-Zwiebel-Mischung hinzufügen und für etwa 10 Minuten köcheln lassen.

Das Relish heiß in saubere, sterilisierte Gläser geben, sie sollten maximal zu drei Vierteln gefüllt sein. Die Schraubverschlüsse aufsetzen und fest zudrehen.

Dieses säuerlich-scharfe Relish schmeckt zum Beispiel zu den Reisbällchen (S. 22) oder den Schnitzeln aus Bananenschalen (S. 131), aber auch zu Falafel oder Veggie-Burgern.

BOHNENCREME MIT LAVENDELBLÜTEN

In diesem Rezept lassen sich übrig gebliebene weiße Bohnen verarbeiten: Eine leckere Creme, die einfach und schnell geht. In Brasilien haben wir eine reiche Auswahl an Bohnen in allen möglichen Farben und mit vielfältigen Aromen, in Deutschland werden meist nur weiße Bohnen angebaut, die aber auch sehr gut schmecken. Daher empfehle ich, Bohnen aus der Region zu verwenden statt der importierten. Der Einkauf lokaler Produkte hat eine Menge positiver Auswirkungen auf Umwelt und Wirtschaft und trägt entscheidend dazu bei, die Verschwendung von Lebensmitteln zu reduzieren.

(FÜR 4 PERSONEN)

250 g weiße Bohnen, gekocht
1 Knoblauchzehe, gehackt
1 kleine Zwiebel, gehackt
1 EL Olivenöl
½ Bund Petersilie
½ Bund Frühlingszwiebeln

4 Scheiben Brot nach Wahl, angeröstet

ZUM GARNIEREN:
Etwas gehackte Petersilie
Lavendelblüten

Die Bohnen gut abtropfen lassen. Das Olivenöl in einer Pfanne erhitzen. Zwiebel und Knoblauch darin bei kleiner Hitze glasig werden lassen. Zwiebel, Knoblauch, Bohnen, Petersilie und Frühlingszwiebeln miteinander vermischen und glatt pürieren. Abkühlen lassen.

Auf den Broten verteilen und mit Petersilie und Lavendelblüten bestreut servieren.

SAISONALER GEMÜSESALAT MIT GETREIDE, MANDELN UND KÜRBISKERNEN

Zu diesem bunten Gemüsesalat hat mich ein Prinzip der Shojin-Ryori-Küche inspiriert: eine möglichst große Vielfalt saisonaler Gemüsesorten in all ihren Farben zu essen. So nimmt man von der nährenden Kraft der Natur das meiste in sich auf. Wie viele Sorten genau man verwendet, ist egal – Zahlen sind nicht wichtig, habe ich von meinem Shojin-Meister gelernt. Es geht darum, die Natur aufmerksam zu beobachten und darauf zu vertrauen, dass sie weiß, was unser Körper braucht: Wenn wir saisonal essen, bekommen wir eine ausgewogene Ernährung. Man kann diesen Salat mit Getreide und Kernen je nach Saison abwandeln – mit den Gemüsesorten, die es gerade gibt.

(FÜR 4 PERSONEN)

300 g 6-Korn-Getreidemischung, gekocht (Weizen, Roggen, Gerste, Hafer, Dinkel, Buchweizen)
150 g grünen Spargel, in Scheiben geschnitten
75 g Karotten, in feine Streifen geschnitten
150 g Zwiebeln, in feine Streifen geschnitten
100 g Frühlingszwiebeln, in feine Ringe geschnitten
300 g Rotkohl, in feine Streifen geschnitten
100 g Rettich, in feine Streifen geschnitten
1 Handvoll ganze Mandeln, ungeschält und in Sojasauce geröstet
1 Handvoll Kürbiskerne, geröstet

FÜR DAS DRESSING:
2 EL Sojasauce
2 EL Apfelessig
3 EL Agavendicksaft
3 EL Olivenöl

ZUM GARNIEREN:
Weißer und schwarzer Sesam

Salzwasser zum Kochen bringen und die einzelnen Gemüse nacheinander kurz blanchieren.

Alle Zutaten für das Dressing gut verrühren.

Blanchiertes Gemüse, Getreide, Mandeln und Kürbiskerne in einer großen Schüssel verrühren. Mit dem Dressing vermengen und lauwarm oder kalt servieren.

KAPITEL 7

Mottainai: Wertvolles wertschätzen

Was Essen mit Kunst zu tun hat

Verwandlungen, Kreisläufe, Zyklen faszinieren mich sehr. Das Interesse an Zyklen ist ein ganz wesentlicher Aspekt des Konzepts von *Mottainai*: Alles und jedes auf der Erde, seien es Lebewesen oder Lebensmittel oder alle möglichen Dinge, hat seine Zyklen. Und da alles unbeständig ist und immer im Fluss und wir ein Teil dieses dynamischen Prozesses sind, haben wir auch die Möglichkeit, am Lauf der Dinge etwas zu verändern, einzugreifen. Die Zukunft liegt in unserer Hand. Und auf unserem Teller.

Nachdem ich über fünf Jahre als Foodaktivistin gearbeitet hatte, wurde mir klar, dass es nicht reicht, den Menschen nur Daten, Fakten und Zahlen vorzusetzen – über Lebensmittelverschwendung zu sprechen, wirkt auf viele Leute bloß irritierend. Sie fühlen sich angegriffen, können es nicht annehmen, manche verstehen es auch nicht, Kinder zum Beispiel. An diesem Punkt begann meine Reise Richtung Food Art. Mit meinen Food-Installationen gelang es mir, Menschen auf der sinnlichen Ebene anzusprechen und sie so zu erreichen, dass sie an ihrem Verhalten etwas änderten. Kunst ist in der Lage, so intensive Empfindungen und Gefühle in uns zu wecken, dass sie wirkliche, dauerhafte Veränderungen zur Folge haben. Ich selbst habe in der Food Art die perfekte Form gefunden, Themen, die mir wichtig sind, öffentlich zu machen – es gibt sicher auch für Sie eine passende Form, aktiv zu werden.

Um auf die Kreisläufe und Zyklen zurückzukommen: Auch im Kunstkontext gibt es solche Verwandlungen, und ich finde sie besonders interessant: Ein Gedicht, aus dem ein Video gemacht wird, das von einem anderen Künstler in eine Performance übersetzt wird oder in ein Essen – und dadurch demokratisiert wird, weil es eine größere Menge von Menschen erreicht. Alles hat einen Ausgangspunkt, eine bestimmte Zutat zum Beispiel, die in ein Rezept verwandelt wird, ein Rezept, das in ein Kunstwerk verwandelt wird, das wiederum als Inspiration für eine Performance dient, die vom Publikum „verschlungen" wird.

Genau das passiert in meiner Galerie, der Entretempo Kitchen Gallery, einem interdisziplinären Kunstraum, der die Bedeutung von Essen im kulturellen und gesellschaftlichen Kontext auslotet. Mit Ausstellungen, Lesungen, Workshops und Abendessen zu speziellen Themen beleuchten wir die politische und soziale Bedeutung von Essen – und begreifen Essen und Kochen als etwas, worin sich Geschichte, Soziologie, Geografie, Wissenschaft, Philosophie und Kommunikation manifestieren. In diesem Kapitel präsentiere ich Ihnen einige Rezepte, die bei speziellen Diners in der Galerie entstanden sind.

DESORIENTIERUNG: GEEISTE SUPPE MIT ANANASSCHALE, GURKE UND WASABI

Die Erfahrung von Desorientierung und unterschiedlichen Daseinszuständen – sich selbst zu verlieren, sich in veränderter Form wiederzufinden – hat mich zu diesem Rezept inspiriert. Immer wenn ich dieses Gericht anbiete, erwarten die Leute eine flüssige Suppe. Wenn sie diese dann in Form solch eines speziellen „Suppenwürfels" serviert bekommen, sind sie erst einmal irritiert. Erst wenn sie den Eiswürfel dann in den Mund stecken und ihn auf der Zunge schmelzen lassen, begreifen sie, dass das wirklich eine Suppe ist! Ihre Basis wird aus Ananasschale zubereitet, die sonst immer im Müll landet. Dabei steckt nicht nur die Ananas, sondern auch ihre Schale voller gesunder Inhaltsstoffe, sie wird in Südamerika bei Erkrankungen der Atemwege eingesetzt – außerdem hat sie einen großartigen Geschmack.

(FÜR 6 PERSONEN)

Schale einer unbehandelten Ananas
500 ml Wasser
1 japanische Salatgurke, geschält
250 ml Joghurt
1 Handvoll frische Minzeblätter
1 EL Wasabi
Salz

ZUM GARNIEREN:
Gurkenscheiben und Minzeblätter

Am Vortag die Ananasschale mit heißem Wasser waschen und etwa 30 Minuten in dem Wasser köcheln lassen. Danach abseihen und das Ananaswasser kühl stellen.

Die Gurke in grobe Stücke schneiden. Gurke, Ananaswasser, Joghurt, Minze und Wasabi mit dem Stabmixer sorgfältig pürieren. Die Mischung in Eiswürfelbehälter gießen und über Nacht in den Gefrierschrank stellen.

Gefrorene Suppenwürfel mit Gurkenscheiben und Minzeblättern (oder mit einigen Granatapfelkernen) servieren.

WERTVOLLES WERTSCHÄTZEN

LEERSTELLE:
OMELETTE À LA WALTER BENJAMIN

Dieses Gericht entstand bei einer Veranstaltung, in der es um die Verbindungen zwischen Literatur und Essen ging. Mir gefällt die Idee der „Leerstelle" sehr gut. Es ist der Platz, den wir zwischen uns und einem Buch erschaffen, ein Universum, das etwas ganz Eigenes ist – und für die Autorin oder den Autor dieses Buches manchmal vollkommen unvorstellbar. Eines meiner Lieblingsbücher sind Walter Benjamins autobiografische Skizzen *Berliner Kindheit um Neunzehnhundert* – und besonders gerne habe ich darin natürlich die Passagen, in denen es ums Essen geht. Bei einem Abend in der Galerie habe ich versucht, die Texte und Aromen dieses Buches nachzukochen.

(FÜR 4 PERSONEN)

8 Eier
1½ EL Sojasauce
1 EL Agavendicksaft

ZUM GARNIEREN:
8 frische Maulbeeren
4 EL Eukalyptussirup

Olivenöl

Eine Tamago-Pfanne (rechteckige japanische Pfanne)
Küchenpapier

Die Eier in einer Schüssel mit der Sojasauce und dem Agavendicksaft verschlagen. Daraus japanische Omelettes zubereiten: Die Pfanne mithilfe von Küchenpapier dünn mit Olivenöl ausstreichen und auf mittlerer Hitze erwärmen.

Eine sehr dünne Schicht der Eiermischung in die Pfanne geben. Sobald das Omelette fertig ist, mithilfe von Stäbchen zusammenrollen und an das obere Ende der Pfanne legen. Pfanne neu einfetten und den Vorgang wiederholen, bis die Eiermischung aufgebraucht ist. Die Omelettes nebeneinander in die Pfanne legen und darin auskühlen lassen.

Zum Servieren in gleich große Stücke schneiden, mit den Maulbeeren garnieren und mit dem nach Wald duftenden Eukalyptussirup besprenkeln.

EIN LEICHTES ESSEN: SPINATSOUFFLÉ FÜR PICASSO MIT DREI SAUCEN

Mit der belgischen Kuratorin An Paenhuysen arbeitete ich an dem Projekt „Literary Dining", das Literatur, Essen und Kunst zusammenbrachte. An unserem Gertrude-Stein-Abend unternahmen wir einen Ausflug zu Alice B. Toklas, Gertrude Steins Lebensgefährtin, die eines Abends für Picasso aufkochen musste – der allerdings gerade auf Diät war. Sein Arzt hatte ihm unter anderem empfohlen, Spinat zu essen – und weil Alice Toklas nicht wusste, welche Saucen ihm erlaubt waren, servierte sie gleich drei dazu: eine Hollandaise, eine Béchamel- und eine Tomatensauce. „Meine Hoffnung war, dass der farbenfrohe Dreiklang der Saucen das Spinatsoufflé weniger üppig erschienen ließ. ‚Welch grausame Wahl!', sagte Picasso, als er das Soufflé serviert bekam." Hier das Rezept – mit etwas leichteren Saucen.

(FÜR 6 PERSONEN)

30 g Butter
1½ EL glattes Mehl
185 ml Milch
600 g Blattspinat, geputzt und fein gehackt
60 g Parmesan, gerieben
3 Eier, getrennt
1 Prise Cayennepfeffer
Butter zum Einfetten der Förmchen

6 TL Semmelbrösel

FÜR DIE WEISSE SAUCE:

200 g Magerquark | 1 EL Crème fraîche | 1 EL Joghurt | 1 EL Mayonnaise | 1 EL Senf | 1 Knoblauchzehe, fein gehackt | 3 EL Schnittlauch, fein gehackt | Salz und Pfeffer

FÜR DIE ROTE SAUCE:

3 Tomaten, geschält und entkernt | 1 Knoblauchzehe, fein gehackt | 1 EL Zwiebel, fein gehackt | Salz und Pfeffer

FÜR DIE GELBE SAUCE:

25 ml Maracujasaft | 25 ml Orangensaft | 1 EL Olivenöl | Salz und Pfeffer | 6 ofenfeste Förmchen

Den Backofen auf 200 Grad vorheizen.

Zunächst eine Roux (Einbrenne) herstellen: Butter in einem Topf bei mittlerer Hitze schmelzen. Mehl dazugeben und glatt rühren. Die Hitze reduzieren und weiterrühren, bis die Mischung zu köcheln beginnt. Topf vom Herd nehmen und die Milch nach und nach einrühren. Anschließend wieder auf den Herd stellen und unter ständigem Rühren zum Kochen bringen. Weiter köcheln lassen, bis die Mischung andickt. Den Spinat einrühren und köcheln lassen, bis er weich wird.

Den Topf vom Herd nehmen und den Parmesan einrühren. Die Mischung in eine große Schüssel geben und die Eidotter einrühren. Mit Salz und Cayennepfeffer abschmecken. Die Souffléförmchen mit der Butter einfetten und den Semmelbröseln auskleiden. Überschüssige Brösel ausleeren.

Eiweiß mit einem elektrischen Rührgerät steif schlagen. Zunächst eine Hälfte des Eischnees in die Spinatmischung einarbeiten, danach vorsichtig die zweite Hälfte unterziehen. Die Mischung gleichmäßig auf die Förmchen verteilen. Für etwa 15 Minuten in den Backofen geben und goldbraun backen.

Für die Zubereitung der Saucen die Zutaten der weißen Quarksauce miteinander glatt rühren, die Zutaten der roten Tomatensauce miteinander pürieren und die Zutaten der gelben Fruchtsauce miteinander aufkochen und dann etwa 20 Minuten einkochen lassen.

POLITIK UND BANANEN:
„SCHNITZEL" AUS BANANENSCHALEN

Tja, eigentlich soll es hier ja um Kunst und Essen gehen, aber angesichts der Schockwirkung des Rezepttitels kann ich es mir nicht verkneifen, erst einmal ein paar Worte dazu zu sagen: Ist es nicht unglaublich, dass wir Bananenschalen essen können? Es geht wirklich. Ich hatte allerdings nicht geahnt, dass sie auch als Schnitzel durchgehen können – bis ich auf dieses Gericht gestoßen bin. Ich kannte schon vorher ein paar Rezepte mit den Schalen von Bananen und Wassermelonen – aber dieses ist der Hammer! Um Bananen ging es, um auf die Kunst zurückzukommen, auch in meiner Food-Installation „My Banana Republic Roots", die ich für die Berliner „Food Art Week" gemacht habe. Als Bananenrepublik wurden ursprünglich die kleinen Staaten Mittelamerikas abschätzig bezeichnet, die allein vom Bananenexport abhängig waren – und von der Finanzierung durch ein einziges Unternehmen, was zu Korruption, zur Ausbeutung der Arbeiter und zur Umweltzerstörung durch Monokultur führte. Mit dieser Installation wollte ich die Leute auf eher leichtfüßige, charmante Art dazu einladen, über dieses Thema nachzudenken.

(FÜR 4 PERSONEN)

Schalen von 4 Bananen
1 Ei
Panko (siehe Glossar, S. 195)
Salz
Öl zum Frittieren
Optional: Knoblauch, Gewürze oder frische Kräuter

Die Bananenschalen gut waschen. Das Ei mit einer Gabel verschlagen und nach Geschmack mit Salz, durchgepresstem Knoblauch, Gewürzen oder Kräutern würzen.

Das Öl in einer Pfanne erhitzen. Die Bananenschalen erst durch das verschlagene Ei ziehen, dann im Panko wälzen. Im nicht zu heißem Öl frittieren. Vorsicht, brennt leicht an! Herausnehmen und auf Küchenpapier abtropfen lassen.

Schmeckt gut mit Tomatensauce und in feine Ringe geschnittenen Frühlingszwiebeln oder mit Gurkenrelish (siehe Rezept, S. 108).

DER GESCHMACK
DER ERINNERUNG: SINANGAG
Gebratener Reis mit Knoblauch

Zu diesem Rezept hat mich Pepe Dayaw inspiriert, mit dem wir in unserer Galerie immer wieder zusammenarbeiten. Pepe war Tänzer bei der Bayanihan National Folk Dance Company der Philippinen, und seit er in Europa ist, inszeniert er Veranstaltungen, die Performance, Tanz und Essen zusammenbringen. Er selbst bezeichnet sich als ein „Überbleibsel" seines eigenen Lebens, und bei seiner ersten Performance in der Galerie erzählte Pepe seine berührende Geschichte mit diesem Gericht. Sie zeigte uns, wie stark Erinnerungen mit Essen, mit Aromen und Düften verwoben sind. Sinangag ist auf den Philippinen ein weit verbreitetes, ganz alltägliches Frühstücksgericht. Normalerweise wird es mit dem übrig gebliebenen Reis vom Vorabend zubereitet und mit einem Spiegelei serviert.

(FÜR 4 PERSONEN)

4 Tassen Reis, gekocht
6 Knoblauchzehen, gehackt
2 EL Olivenöl
Salz

4 Eier

Den gekochten Reis vorsichtig mit den Händen bearbeiten, damit er körnig wird. Das Olivenöl bei starker Hitze in einem Wok erwärmen. Den Knoblauch darin unter ständigem Rühren braun rösten. Den Reis hinzugeben und rösten, dabei ständig weiterrühren und die entstehenden Reisklumpen voneinander lösen.

In einer Pfanne vier Spiegeleier braten und auf dem Knoblauchreis servieren. Mit den Händen essen – so wie man es traditionell auf den Philippinen macht.

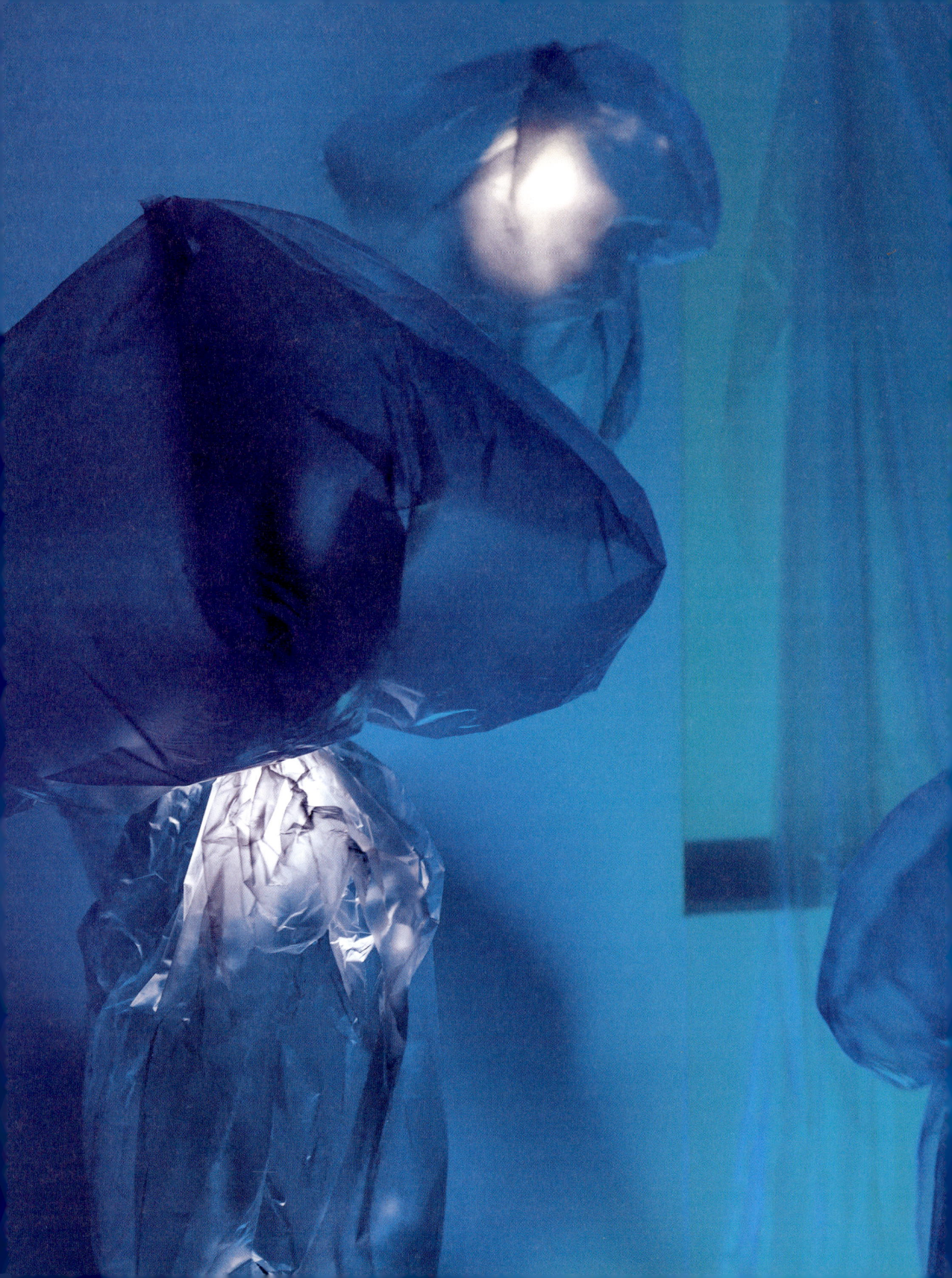

KAPITEL 8

Mottainai: Reagieren

Warum Zucker nicht nur süß ist

Mir selbst haben salzige Sachen schon immer besser geschmeckt als süße. Aber ich habe eine „süße" Kindheitserinnerung: In unserer Straße gab es einen netten kleinen Laden. Dort arbeitete Pedro. Immer wenn wir etwas gekauft haben, gab uns Pedro etwas Süßes. Es war ein Zeichen seiner Zuneigung und Fürsorge, und ich mochte das wirklich sehr. Seine Bonbons hatten einen ganz eigenen Geschmack, den ich bis heute gern habe und vermisse. Und wenn ich an diesen Geschmack denke, kommt immer auch eine zweite „süße" Erinnerung: Daran, wie sich Pedro um unseren Baum gekümmert und ihn gegen die Stadtverwaltung und unsere Nachbarn verteidigt hat – meinen Lieblingsbaum, den mein Vater mit meiner Schwester und mir gepflanzt hatte ...

Zucker ist süß, und fast alle Menschen mögen es gerne süß. Das wäre kein Problem, wenn wir nur den Zucker zu uns nähmen, den die Natur anbietet: in Früchten und Beeren zum Beispiel. Zucker kommt in der Natur nie alleine vor, sondern immer in Kombination mit anderen gesunden Inhaltsstoffen wie Vitaminen und Mineralstoffen. Heute ist Zucker allerdings überall drin und zwar oft zusammen mit Fett – es gibt kaum ein Lebensmittel, in das die Lebensmittelindustrie keinen Zucker mischt. Das führt dazu, dass jeder von uns durchschnittlich ungefähr 25 bis 30 Teelöffel Zucker pro Tag zu sich nimmt – viel mehr als gut für uns ist.

Auch die Liebe ist süß. Ich erlebe es immer wieder, dass Eltern ihren Kindern ihre Liebe zeigen möchten, indem sie ihnen Eiscreme, Kekse, Süßigkeiten oder Schokolade kaufen. Das finde ich wirklich seltsam. Die eigentlich liebenswürdige Geste der Zuneigung ist auf diese Weise mit einer Art von Ernährung verbunden, die uns mit der Zeit umbringt. Was für ein Paradox!

Mein Sohn hat keinen Zucker gegessen, bis er in den Kindergarten gekommen ist. Ich versuche noch immer, Zucker weitgehend zu vermeiden – wenn es sein muss, auch mit Tricks. Ich gebe ihm zum Beispiel etwas Gesundes zu essen, bevor er zu einem Kindergeburtstag geht, etwas mit gesunden Fetten wie Avocados, Oliven oder Mandeln, damit er satt und zufrieden loszieht. Ich kann Sie nur ermutigen, Ihren Kindern in den ersten Lebensjahren keinen Zucker zu geben – und ganz generell keine industriell produzierten Lebensmittel, denn sie stecken voll verstecktem Zucker.

Süßen kann man sehr gut mit Trockenfrüchten und Honig, auch bestimmte Süßungsmittel wie Agavendicksaft, Reis- und Ahornsirup oder Kokosblütenzucker sind eine gute Alternative. Wer einmal beginnt, stufenweise weniger zu süßen, bemerkt, wie das Geschmacksempfinden immer sensibler auf subtile Aromen reagiert. In den folgenden Rezepten stelle ich Ihnen einige leckere süße Sachen ohne bösen Zucker vor – und eine Süßigkeit, bei der Zucker einen Sinn hat.

EISCREME IN DER ZITRONENSCHALE

Ich habe schon immer gerne Zitronen gegessen und mich lange gefragt, was man mit ihren Schalen anfangen könnte – denn auf den Kompost sollte man sie ja eher nicht werfen. Deswegen war ich sehr glücklich, als ich diese Rezeptidee hatte, bei der man aus dieser ganzen wunderbaren Frucht etwas Schönes und Leckeres machen kann.

(FÜR 4 PERSONEN)

2 unbehandelte Zitronen
5 Kakis
2 EL Agavendicksaft
200 g Schlagsahne (35% Fett)

ZUM GARNIEREN:
Einige Brombeeren
Abgeriebene Schale einer Orange

Die Zitronen halbieren und mithilfe eines kleinen Löffels das Innere herauslösen, dabei die Kerne aussortieren. Die Kakis und das Fruchtfleisch der Zitronen miteinander im Mixer glatt pürieren.

Die Sahne schlagen, dabei den Agavendicksaft langsam einarbeiten. Steif geschlagene Sahne mit dem Fruchtpüree gut vermischen und für etwa 30 Minuten in die Eismaschine geben. Wenn die Eiscreme fertig ist, in die Zitronenschalen füllen und mit frischen Orangenzesten und ein paar Brombeeren garnieren. Falls von der Eiscreme etwas übrig bleiben sollte, innerhalb von 2 Tagen verbrauchen!

KAROTTENKUCHEN AUS KAROTTENRESTEN

Das Rezept für diesen Karottenkuchen stammt aus Brasilien. Warum aus Brasilien? Karotten gibt es doch überall auf der Welt! Stimmt, aber als ich dort eine Ausstellung über Essen und Food Art kuratierte, tranken wir viel frischen Karottensaft. Eine der beteiligten Köchinnen, Mariu Moya Billorian, bereitete aus dem, was vom Karottensaftmachen übrigblieb, diesen Kuchen zu – eine tolle Idee, die ich gerne an Sie weitergebe.

175 g Kokosblütenzucker
2 große Eier
150 ml Sonnenblumenöl
200 g Weizenmehl (Vollkorn)
1 TL Backpulver
2 TL Gewürze nach Belieben: Zimt, Muskat, Anis
50 g geröstete Pekannüsse, gemahlen
50 g Walnüsse, gemahlen
Abgeriebene Schale einer Orange
200 g Karotten, gerieben
1 daumengroßes Stück Ingwer, gerieben

FÜR DAS TOPPING:
100 g Mascarpone
4 EL Schlagsahne
2 EL Agavendicksaft

ZUM GARNIEREN:
Abgeriebene Schale einer Orange

Den Ofen auf 180 Grad vorheizen.

Kokosblütenzucker, Eier und Öl miteinander verrühren, bis sich der Zucker aufgelöst hat.

Das Mehl durchsieben und mit dem Backpulver gut vermischen. Die Nüsse, die Orangenzesten, den Ingwer und die Karotten ebenfalls untermischen. Anschließend alle Zutaten zu einem glatten Teig verarbeiten.

Den Teig in eine eingefettete Kastenform füllen und etwa 30 Minuten backen. Etwas abkühlen lassen, aus der Form nehmen und vollständig auskühlen lassen.

Die Zutaten für das Topping miteinander verrühren und auf den Kuchen geben. Mit den Orangenzesten bestreuen.

CAKE-POPS MIT MATCHA UND SCHOKOLADE

Als ich meine Ausbildung an der SENAC absolviert habe, war die Backklasse eine meiner allerliebsten. Ich war total begeistert von den zahllosen Möglichkeiten, Torten zu dekorieren und damit etwas mitzuteilen – mit Blumen oder Tieren, mit einem Spruch auf der Hochzeitstorte oder einem halben Kunstwerk. Kaum etwas ist so eindrucksvoll wie all die Techniken der Patisserie, die im Lauf der Jahrhunderte entwickelt und perfektioniert wurden. Was ich allerdings auch lernte, war, dass die meisten dieser perfekten Kuchen in Form geschnitten wurden. Und was weggeschnitten wurde, landete im Müll. Was für eine Verschwendung ... Ich hätte da einen Vorschlag für alle Konditoreien und natürlich auch für die Reste vom Sonntagskuchen oder von Omas Kuchenparty: diese Cake-Pops! Am besten mit Resten von einem Kuchen ohne Zucker – und einer zuckerfreien Schokoglasur.

(FÜR 4 PERSONEN)

200 g Kuchenreste
4 EL Matcha-Pulver
100 g dunkle Schokokuvertüre (ohne Zucker)
Orangensaft, nach Bedarf

Holzstäbchen

Die Kuchenreste in eine große Schüssel geben. Mit den Händen zu einer klebrigen Masse verarbeiten, eventuell etwas Orangensaft hinzufügen, falls die Masse zu trocken ist. Das Matcha-Pulver einstreuen und gut einarbeiten.

Nun aus dem Teig kleine Kugeln (etwa 3 Zentimeter Durchmesser) formen und auf ein Blech oder ein Brett legen. Die Schokolade im Wasserbad schmelzen. Die Holzstäbchen vorsichtig in die Teigkugeln stecken und diese in die Schokokuvertüre eintauchen. Stehend (zum Beispiel auf ein Stück Styropor gesteckt) trocknen lassen.

EINFACHER RÜHRKUCHEN

Hier das Rezept für einen schnellen Rührkuchen ohne Zucker – damit Sie auch zuckerfreie Kuchenreste haben ...

4 Tassen Weizenmehl
1½ Tassen Agavendicksaft
1 Tasse neutrales Öl
1 Tasse Vanille-Sojamilch
1 Päckchen Backpulver
3 Eier
1 EL gemahlene Vanille
1 Prise Salz

Den Backofen auf 180 Grad vorheizen.

Die Eier mit dem Salz schaumig schlagen und langsam den Agavendicksaft unterrühren. Mehl, Backpulver und Vanille gut vermischen. Mehlmischung, Öl und Vanillemilch zu den aufgeschlagenen Eiern geben und zu einem glatten Teig verarbeiten.

Den Teig in eine eingefettete Kastenform füllen und etwa 35 Minuten goldbraun backen. Vor dem Herausnehmen aus dem Ofen mit einem Holzstäbchen testen, ob er innen durchgebacken ist, auskühlen lassen.

KNÄCKEBROT-GRANOLA MIT
QUARK UND BEEREN

Dieses Rezept ist nach einer Einladung von Freunden zum ausgedehnten Brunch entstanden: Ich hatte eine große Auswahl an Brot serviert, und vom Knäckebrot war ziemlich viel übrig geblieben. Ich habe die ganze Woche an den Resten geknabbert und irgendwann, als das Knäcke schon nicht mehr besonders knusprig war und ich es auch schon ziemlich über hatte, habe ich dann dieses Rezept ausprobiert ...

(FÜR 4 PERSONEN)

200 g dunkles Knäckebrot
3 TL Honig
1 Tasse gefriergetrocknete Himbeeren
(oder andere Beeren)
250 g Quark
3 TL Agavendicksaft
200 g frische Beeren (Himbeeren,
Erdbeeren, Heidelbeeren ...)

ZUM GARNIEREN:
Einige frische Beeren

1 Bogen Backpapier

Den Backofen auf 180 Grad vorheizen.

Das Brot in Stücke brechen und anschließend in der Küchenmaschine grob zerkleinern. Die Brotstückchen auf einem mit Backpapier ausgelegten Blech verteilen und mit Honig besprenkeln. 10 bis 15 Minuten im Ofen rösten, dabei aufmerksam kontrollieren, dass sie nicht anbrennen. Herausnehmen und abkühlen lassen. Danach in noch kleinere Stücke zerbröseln und gut mit den getrockneten Beeren vermischen.

Den Quark mit dem Agavendicksaft glatt rühren.

Zum Servieren in Glasschalen schichten: Mit Quark beginnen, dann die Beeren, dann die knusprige Granola-Mischung und so weiter. Mit einer Schicht Quark abschließen und mit einigen frischen Beeren und Minzeblättern dekorieren. Wir haben Quark und Granola für unser Foto (übernächste Seite) auf einem Knäckebrot verteilt, das sieht nicht nur schön aus, sondern macht auch ein nicht mehr ganz knackig-frisches Knäckebrot zu einem großen Genuss.

QUITTENBROT

Zucker wurde immer dazu benutzt, Lebensmittel haltbar zu machen, in Marmeladen, Gelees, Kompotten, durch Kandieren – ein durchaus sinnvoller Zweck. Mein Sohn liebt diese kleinen süßen Rauten aus Quittengelee – seine wunderbare Erzieherin Ursel aus dem Kindergarten Munkelrübe, die sich dort mit großer Hingabe und Energie den Kindern widmet, hat mich dazu inspiriert, sie auszuprobieren. Ich habe viel von ihr gelernt, unter anderem, dass ein komplettes Verbot nicht unbedingt dazu führt, dass Kinder ein Bewusstsein für die gesundheitlichen Gefahren von Zucker entwickeln können. Auf die Dosis kommt es an. Und daher möchte ich Ihnen dieses Rezept nicht vorenthalten.

FÜR DAS ZITRONENWASSER:

1,5 l Wasser
Saft von einer Zitrone

FÜR DAS QUITTENBROT:

1 kg Quitten
½ kg Zucker

1 Bogen Backpapier

Eine Schüssel mit kaltem Zitronenwasser vorbereiten. Die Quitten mit einem trockenen Tuch abreiben und dabei den samtigen Flaum gründlich entfernen. Die Früchte halbieren, Stil- und Blütenansatz entfernen, in grobe Stücke schneiden und sofort ins Zitronenwasser legen, damit sie sich nicht verfärben. Etwa 30 Minuten im Zitronenwasser lassen.

Die Quitten herausnehmen, in einen Topf geben, mit Zitronenwasser bedecken und weich kochen. Ein Sieb mit einem Mulltuch auslegen und die gekochten Quitten durchpassieren. Das Quittenmus auf mittlerer Hitze mit dem Zucker unter ständigem Rühren etwa 45 Minuten köcheln lassen, bis eine zähe Masse entsteht.

Die Paste etwa 2 Zentimeter dick auf dem Backpapier verstreichen. Entweder 3 Tage bei Zimmertemperatur oder 3 Stunden bei 100 Grad im Backofen trocknen lassen. Das Quittenbrot in kleine Würfel oder Rauten schneiden.

KAPITEL 9

Mottainai: Nichts wegwerfen

Wie auch aus Abfall etwas Gutes wird

Mein Vater starb, als ich elf war. Danach stand unsere Familie vor großen finanziellen Problemen. Auf einmal bekam ich einen vollkommen anderen Blick auf die Welt, das hat meine Arbeit und mein Leben stark beeinflusst. Selbst einmal Armut erfahren zu haben, das motiviert mich bis heute, dafür einzutreten, dass wir uns eine bessere und gerechtere Welt erschaffen. Ich erinnere mich, wie traurig meine Mutter eines Tages war, weil sie ein Kunstwerk meines Vaters verkaufen musste, ihr Lieblingsbild. In diesem Moment wurde Essen wichtiger als Kunst, einfach weil wir kein Geld hatten, um eine Zwiebel zu kaufen und etwas zu kochen. Wirklich lustig ist, dass meine Schwester und ich an das „Arme-Leute-Essen" dieser Zeit wundervolle Erinnerungen haben – oft verspüren wir sogar Sehnsucht danach!

Essen ist zum Wegwerfen definitiv zu schade. Es gibt so viele Menschen, denen es am Nötigsten fehlt und mit denen man sein Essen teilen kann und sollte. Ich denke mir oft, wie wunderbar es wäre, wenn wir nachfühlen könnten, was andere fühlen. Wir würden so viel dabei lernen, und es würde die Menschheit ganz sicher um vieles besser machen.

Das schöne deutsche Wort „Lebensmittel" drückt etwas Wesentliches aus: Lebensmittel sind Mittel, die wir zum Leben benötigen. Auch das Wort „Lebensmitte" ist enthalten. Essen sollte eigentlich etwas Zentrales, etwas fast Heiliges sein. Häufig verschwenden wir aber an unsere Lebensmittel kaum einen Gedanken. Noch schlimmer: Jeder Haushalt wirft etwa ein Fünftel der Lebensmittel, die eingekauft wurden, wieder in den Abfall. Das sind Millionen Tonnen.

Ein großer Teil aller produzierten Lebensmittel wird allerdings schon vernichtet, bevor er überhaupt zu Ihnen nach Hause kommt: nach der Ernte, weil Obst und Gemüse nicht den Normen entsprechen; beim Transport und beim Verpacken; in der weiterverarbeitenden Industrie; in den Supermärkten und Läden, wegen abgelaufener Haltbarkeitsdaten. Seit einigen Jahren machen Organisationen wie der WWF, Slow Food und Greenpeace auf das Thema aufmerksam. Aktionen wie „Teller statt Tonne", die „Tafeln", diverse Foodsharing-Plattformen und Essensretter kämpfen gegen die Essensverschwendung an. Und es gibt Foodaktivisten, die „containern" oder „dumbstern", also brauchbare Lebensmittel aus den Müllcontainern von Supermärkten oder Produzenten herausfischen.

Mir gefällt die Idee, etwas Gutes aus Dingen zu machen, die sonst im Müll landen würden. Krumm gewachsenes Gemüse und die Stiele von Kräutern, überreifes Obst, vergessene Reste im Kühlschrank und Wildpflanzen, die unbeachtet sprießen: Sie alle verdienen unseren Respekt und unsere Aufmerksamkeit. Denn *mottainai!*, was für eine Verschwendung von Geld, Zeit, Energie, Einsatz und Liebe wäre es, sie ihnen nicht zu schenken.

GEMÜSECHIPS AUS MISFITS MIT PESTO AUS KRÄUTERSTIELEN

Ein Drittel der weltweit produzierten Lebensmittel wandert in den Müll. Gleichzeitig leiden noch immer fast 800 Millionen Menschen an Mangelernährung und Hunger. Manche Lebensmittel werden nur deswegen weggeworfen, weil sie nicht so aussehen, wie sich die Supermärkte das vorstellen. Diese krummen Gemüse sind genauso gesund und schmackhaft, aber weil sie nicht in die verordneten Standards passen, verlassen sie manchmal nicht mal den Acker, auf dem sie gewachsen sind. Die Berlinerinnen Tanja Krakowski und Lea Brumsack hatten die tolle Idee, dieses Gemüse mit dem schönen Namen *Culinary Misfits* zu adeln – und so nannten sie auch ihr Unternehmen, mit dem sie der Aussortierung dieser Misfits entgegenwirken wollen: Als Käufer haben wir die Wahl und können diese Gemüse „retten"!

(FÜR 4 PERSONEN)

Misfits (krummes Gemüse) nach Wahl (Karotten, Kartoffeln, Süßkartoffeln, Pastinaken, Rote Bete, Rettich oder Grünkohl)
Olivenöl
Gewürze und getrocknete Kräuter nach Wahl (Paprika, Curry, Thymian, Rosmarin etc.)

FÜR DAS PESTO:
1 Bund Minzestängel (oder andere nicht zu harte Kräuterstängel wie von Basilikum, Petersilie oder Koriander)
50 ml sehr gutes Olivenöl
Saft von einer ½ Zitrone
50 g Mandeln
Salz und Pfeffer

Backpapier

Backofen auf 140 Grad vorheizen.

Das Gemüse für die Chips putzen und falls nötig schälen. Mit dem Sparschäler in möglichst gleichmäßige dünne Streifen schneiden. Das Olivenöl in einer kleinen Schüssel mit Salz und den gewünschten Gewürzen vermischen. Die Gemüsestreifen in eine große Schüssel geben und mit dem gewürzten Olivenöl vermischen.

Einen Bogen Backpapier auf einem Backblech auslegen und die Gemüsescheiben darauf verteilen. Im vorgeheizten Backofen etwa 40 bis 50 Minuten backen. Hin und wieder die Ofentür öffnen, damit der Dampf abziehen kann. Chips herausnehmen, wenn sie sehr knusprig und kurz vor dem Anbrennen sind.

Für das Pesto alle Zutaten in den Mixer geben und so lange pürieren, bis eine glatte Masse entstanden ist. In eine Schüssel geben und zu den Gemüsechips servieren.

SALAT AUS GEMÜSESCHALEN MIT ZITRONENDRESSING

Meine Mutter hat mir schon immer erklärt, dass in den Schalen von Gemüse und Obst die meisten Nährstoffe stecken. Ich frage mich, warum wir beispielsweise Gurken schälen und die Schalen wegwerfen, obwohl sie doch essbar und voller gesunder Vitamine und Mineralstoffe sind. Natürlich, für bestimmte Gerichte benötigt man geschältes Gemüse, manchmal wegen des Geschmacks, manchmal auch nur wegen des Aussehens. Bei einer Party, bei der Gemüsesticks mit Dip auf den Tischen standen – natürlich alle aus geschältem Gemüse – ging mir nicht aus dem Kopf, welche Mengen wertvoller Nährstoffe dafür in den Müll gewandert waren. Da habe ich mir dieses Rezept ausgedacht.

(FÜR 4 PERSONEN)

Schale von 1 Gurke
Schale von 2 Karotten
Schale von 1 Rettich
Schale von 1 Zucchini

FÜR DAS DRESSING:
Saft und Zesten von 1 Zitrone
1 TL Agavendicksaft
1 TL Senf (Sorte nach Belieben)
2 EL Olivenöl

Für das Dressing alle Zutaten – außer dem Olivenöl – in einer kleinen Schüssel miteinander verrühren, bis sich das Salz aufgelöst hat. Das Olivenöl langsam einrühren und verschlagen, bis das Dressing emulgiert.

Die Gemüseschalen in Streifen schneiden. Es gibt zwei Möglichkeiten, diesen Salat zuzubereiten: Entweder werden die Gemüseschalen einige Zeit im Dressing mariniert, oder sie werden – so wie auf dem Bild (Seite 161) zu sehen – auf einem großen Teller arrangiert und anschließend mit dem Dressing übergossen. Zum Schluss die Zitronenzesten darüberstreuen und servieren.

WILDPFLANZENPESTO

Ich bin sehr begeistert von allen deutschen Wörtern, die mit „Ur" beginnen: Ursprung, Urwald, Urknall – oder die „Urpflanze", ein Wort, das Goethe in seinen botanischen Studien entwickelt hat. Diese Urpflanze hat Goethe nie entdeckt, aber auch heute noch gibt es wilde, unkultivierte, urtümliche Pflanzen. Sie wachsen am Wegesrand, wir treten darauf, ohne sie zu beachten, dabei sind viele von ihnen essbar oder wirken sogar heilend. Informieren Sie sich über Wildkräuter, zum Beispiel auf einer Kräuterwanderung, und finden Sie heraus, wo in Ihrer Gegend Sie welche sammeln können. Es ist zu schade, dieses schmackhafte, überraschend andere „Superfood" unbeachtet stehen zu lassen. Essen Sie es im Salat oder als Gemüse – und was übrig bleibt, kommt in dieses Pesto.

(ERGIBT 2 KLEINE GLÄSER)

2 Bund Wildkräuter (z.B. Löwenzahn, Brennnessel, Giersch, Sauerampfer und Schafgarbe)
1 EL Pinienkerne oder Mandeln
50 g Pecorino oder Grana Padano
50 ml sehr gutes Olivenöl
1 TL Pfeffer
½ TL Salz

2 kleine Gläser mit Schraubverschluss

Alle Zutaten in einen Mixer geben und pürieren, bis eine feine, glatte Konsistenz entstanden ist. Die Gläser mit kochendem Wasser sterilisieren, das Pesto einfüllen und gut verschließen. Im Kühlschrank hält es sich etwa 8 Wochen.

Dieses Wildpflanzen-Pesto schmeckt natürlich zu Pasta, aber auch auf Brot, zu Pilzen, zum Omelette, in Suppen und Salaten, als Marinade für Tofu – oder zu den Gemüsechips von Seite 158.

SALATSAUCE MIT MARMELADENREST

Dies ist ein Rezept, mit dem man die winzigen Mengen übriger Marmelade los wird, die in jedem Kühlschrank stehen, sicher auch in Ihrem – und die am Ende sehr oft im Müll landen. Vielleicht haben Sie nicht erwartet, ein solches Rezept, das sich nur um einen kleinen Marmeladenrest dreht, in diesem Buch zu finden. Aber worum es mir hier geht, ist die Idee, mit wirklich ALLEM, was so übrig ist, zu kochen – was auch immer das sein mag. Das Geheimnis ist, zu wissen, wie man die Zutaten kombiniert. Wie bei jedem neugierigen Esser steht mein Kühlschrank voller angebrochener Gläser: Marmeladen, Chutneys, Saucen und Aufstriche. Sie sind ein Foodie, und bei Ihnen ist das auch so? Dann lassen Sie sich von diesem Rezept inspirieren.

(FÜR 4 PERSONEN)

1 TL Salz
Saft einer Zitrone
3 EL übrige Marmelade
3 EL Olivenöl
Gehackte Schalotten, Frühlingszwiebeln und/oder Kräuter nach Belieben

Zunächst Salz und Zitronensaft verrühren, danach Marmelade und Olivenöl einrühren. Abschließend Schalotten, Frühlingszwiebeln oder Kräuter nach Geschmack hinzufügen.

KUCHEN AUS ÜBERREIFEN BANANEN

Als ich von Brasilien nach Deutschland gezogen war, stellte ich fest, dass Obst und Gemüse hier ganz anders schmecken als zu Hause. Die Karotten sind süßer, die meisten Kartoffeln ebenfalls. Sellerie schmeckt komplett anders. Fenchel schmeckt nicht nur anders, er hat auch eine andere Textur. Und Mangos schmecken einfach gar nicht. Schon allein deswegen ist es total sinnlos, welche zu kaufen – ganz abgesehen von der Auswirkung auf den ökologischen Fußabdruck. Bananen schneiden in dieser Hinsicht auch nicht besser ab, trotzdem werden sie sehr viel angeboten und gekauft. Ich habe eine Weile gebraucht, um zu verstehen, dass die Menschen hier Bananen mögen, wenn sie quasi grün und unreif sind. In Brasilien müssen sie braune Flecken haben, vorher schmecken sie niemandem. Hier hält man sie da schon für alt, und man kann sie im Bio-Laden zum halben Preis kaufen. Dabei haben sie dann viel mehr Geschmack und eignen sich wunderbar zum Kuchenbacken.

(ERGIBT 12 STÜCKE)

350 g überreife Bananen, geschält
180 g Mehl (die Hälfte Vollkorn)
2 TL Backpulver
½ TL Zimt
1 TL Salz
160 g brauner Zucker
2 Eier
50 g Butter, weich
50 g Walnüsse, grob gehackt (alternativ gehackte Trockenfrüchte)

FÜR DIE KARAMELLSAUCE:
200 g Kristallzucker
90 g gesalzene Butter, in 6 Stücke zerteilt
120 ml Orangensaft
1 TL Salz

ZUM GARNIEREN:
1 EL Sesam
2 EL Walnüsse, gehackt

Den Ofen auf 170 Grad vorheizen.

Zwei Drittel der Bananen pürieren. Das letzte Drittel mit der Gabel grob zerdrücken und mit den pürierten Bananen vermischen.

Zucker, Eier und Butter mit einem Rührgerät schaumig rühren. Zunächst Mehl, Backpulver, Zimt und Salz gut einrühren, danach die Bananen und zum Schluss die gehackten Walnüsse.

Eine kleine Kastenform (21×9 Zentimeter) oder eine kleine runde Backform mit etwas Butter einfetten und bemehlen. Den Teig einfüllen und etwa 1 Stunde backen. Mit einem Holzstäbchen testen, ob der Kuchen durchgebacken ist. 15 Minuten leicht auskühlen lassen, dann aus der Form lösen und vor dem Servieren vollständig erkalten lassen.

Den Zucker in einem weiten Topf bei mittlerer Hitze erwärmen, dabei ständig mit einem Kochlöffel aus Holz oder hitzebeständigem Kunststoff rühren. Sobald der Zucker karamellisiert, die Butterstücke hinzufügen und gut verrühren. Anschließend den Orangensaft und das Salz unterrühren und einkochen lassen.

Karamellsauce vom Herd nehmen und über dem Kuchen verteilen. Mit Sesam und den gehackten Walnüssen bestreuen.

KAPITEL 10

Mottainai: Eine Art, danke zu sagen

Was ich koche, um meinen Sohn glücklich zu machen

Am Esstisch finden in allen Kulturen der Welt die wichtigen Gespräche statt. Dort gibt die Mutter ihr Wissen an die Tochter weiter, Vater und Sohn führen ein ernsthaftes Gespräch, es gibt Tratsch und Neuigkeiten zu hören, es wird gelehrt und gelernt, man macht Geschäfte, Paare und Freunde finden hier zueinander, es wird gescherzt und gelacht. In unserer Kultur ist der Tisch ein zentraler Ort der Kommunikation und der Ort, wo man sich über Meinungen und Überzeugungen austauscht, über Visionen und Werte, über Ethik und Philosophie.

Wenn wir etwas für unsere Zukunft tun wollen, dann müssen wir uns mit der Ernährung unserer Kinder beschäftigen. Übers Essen können Kinder lernen, der Natur mit Respekt zu begegnen – und den Menschen. Sie lernen, wie wir früher gelebt haben und was wir in Zukunft besser machen können. Wenn wir der Welt danken wollen, dann tun wir das am besten, indem wir unsere Kinder dabei unterstützen, das Beste aus sich zu machen. Manchmal habe ich allerdings das Gefühl, dass eher ich diejenige bin, die von ihrem Sohn Unterstützung erfährt ... Ich habe mit und von ihm so vieles gelernt! Er erinnert mich jeden Tag daran, wie wunderbar und voller Überraschungen die Welt um mich herum ist. Wie schön die Wolkenformen am Himmel sind, wie magisch das Aufsprießen einer Blume oder einer Gemüsepflanze in unserem kleinen Garten ist.

Mein Leben ist sehr turbulent, ich habe immer viel zu tun. Eine meiner großen Herausforderungen ist es, mich meinem Sohn bewusst widmen zu können. Für ihn vollständig da zu sein, nur für ihn, ohne an irgendetwas anderes zu denken oder aufs Handy zu schielen. So einen Moment haben wir jeden Tag mindestens einmal, wenn wir zusammen an unserem Esstisch sitzen und essen. Das ist unser gemeinsamer, exklusiver Ort, an dem wir etwas miteinander erleben, dem man verschiedene Namen geben kann. Ich würde es „Liebe" nennen.

Niji hat sich schon immer voller Neugierde für Essen interessiert. Ich habe ihn seine Erfahrungen machen und mit seinem Essen spielen lassen – solange dabei kein Essen verschwendet wurde. Er ist ein äußerst einfallsreicher Koch, seit er drei ist. Und ich bin glücklich, dass ich mit ihm zusammenwirken und ihn dabei unterstützen kann. Es ist mir wichtig, meinem Sohn frisches, gesundes Essen zu kochen, und es macht mir Freude, dass er fast alles, was ich ihm koche, gerne isst. Die Gerichte, die ich Ihnen in diesem Kapitel vorstelle, mag er ganz besonders. Es sind keine speziellen „Kinderessen", aber sie gefallen und schmecken wohl allen Kindern.

KNALLGRÜNE GEMÜSESUPPE

In den meisten Familien gehen beide arbeiten, Mutter und Vater, und oft bleibt nur wenig Zeit zum Kochen – das Problem kennen wir alle, oder? Suppen bieten immer eine gute Möglichkeit, ein superschnelles, aber trotzdem gesundes Essen zuzubereiten. Sie sind leicht, gut verdaulich und außerdem kann man darin alles übrige Gemüse verwerten. Mein Sohn liebt fast alle Suppen! Diese hier habe ich bei Edney Meirelles Pereira Melo und Catia Russo kennengelernt. Diese beiden liebenswerten Menschen betreiben in Berlin die „A Livraria", einen Ort, an dem es brasilianische Kultur und Lebensmittel gibt – ich habe den Laden auf der Suche nach Büchern und Musik aus meiner Heimat für meinen Sohn entdeckt.

(FÜR 4 PERSONEN)

500 ml Gemüsebrühe (siehe
Rezept, S. 188)
1 EL Olivenöl
2 Knoblauchzehen, in Scheiben
geschnitten
1 Stück Ingwer (ca. 1 cm), in Scheiben
geschnitten
1 Stück Kurkumawurzel (ca. 3 cm),
geschält und gerieben (oder ½ TL
gemahlenen Kurkuma)
200 g Zucchini, in Scheiben geschnitten
85 g Brokkolistrunk, am unteren Ende
geschält und in mundgerechte Stücke
geschnitten
100 g Grünkohl, in feine Streifen
geschnitten
Saft einer Zitrone
1 Bund Petersilienstängel, gehackt
1 Bund Korianderstängel, gehackt
1 steinhartes Brötchen, gerieben

ZUM GARNIEREN:
½ Bund Petersilie, gehackt
Abgeriebene Schale einer Limette
4 TL Panko (siehe Glossar, S. 195)
1 EL schwarzer Sesam
100 g frittierte Reisnudeln (nach
Belieben)
4 frittierte Frühlingszwiebeln (nach
Belieben)

Das Öl in eine tiefe Pfanne gießen und erhitzen. Knoblauch, Ingwer, und Kurkuma bei mittlerer Hitze etwa 2 Minuten anschwitzen. Zucchini, Brokkoli und Grünkohl hinzufügen und weitere 3 Minuten mitkochen. Anschließend mit Gemüsebrühe aufgießen und etwa 10 Minuten kochen, bis das Gemüse weich ist.

Vom Herd nehmen, die gehackten Petersilien- und Korianderstängel und den Zitronensaft einrühren. Alles in einen Mixer geben und auf der höchsten Stufe glatt pürieren. Das geriebene Brot hinzufügen und alles noch mal kurz durchmixen.

Mit gehackter Petersilie, Limettenzesten und Panko bestreuen. Mit frittierten Reisnudeln und Frühlingszwiebeln garniert servieren.

FAROFA MIT KOHL

Farofa ist eines der Lieblingsessen meines Sohnes. In Brasilien ist es ein sehr verbreitetes Gericht. Es wird aus Maniok zubereitet, der wichtigsten Wurzel Brasiliens. Sie war bereits bei den indigenen Völkern verbreitet – der Kultur, in der die unsere wurzelt. Aus Maniok werden unzählige verschiedene Gerichte zubereitet. Es gibt sogar eine Legende dazu, sie geht so: „Mani war ein sehr schönes, sehr weißes Indio-Mädchen, die Enkelin eines wichtigen Stammeshäuptlings. Sie sang und lachte immer und war allen eine Freude, dann aber starb sie aus heiterem Himmel. Das Mädchen wurde nach der Tradition seines Volkes dort begraben, wo es gelebt hatte, und Tag für Tag kamen die Dorfbewohner, um an ihrem Grab zu weinen. Eines Tages wuchs aus dem Grab eine unbekannte Pflanze, und die Indios gruben diese Pflanze aus, um die Wurzel zu betrachten. Sie sahen, dass sie außen braun und innen schneeweiß war. Sie kochten die Wurzel und begriffen, dass der allmächtige Gott Tupa sie ihnen geschenkt hatte: Die Wurzel der Mani kam, um ihren Hunger zu stillen. Also nannten sie sie Mani-Wurzel."

(FÜR 4 PERSONEN)

250 g Maniokmehl
100 g Stiele vom Grünkohl, gehackt
(alternativ Blätter vom Kohlrabi oder
Brokkoli)
1 Zwiebel, gehackt
50 g Butter (oder Öl)
2 EL Rosinen

Butter (oder Öl) in einer Pfanne erhitzen. Die Zwiebel darin goldbraun braten. Kohl dazugeben und rösten, bis er fast anbrennt. Die Hitze herunterschalten, das Maniokmehl hinzugeben und unter ständigem Rühren etwa 15 Minuten rösten.

Wenn das Mehl goldbraun ist, die Rosinen hinzufügen und zu Reis und Bohnen servieren. Oder zu irgendetwas anderem, das bleibt Ihrer Kreativität überlassen. In Brasilien essen manche Leute Farofa sogar mit Nudeln ...

NUDELAUFLAUF À LA NIJI UND OPA

Mein Sohn liebt seinen deutschen Großvater, genau wie ich. Der Opa mag Nudeln, und deswegen koche ich für ihn gerne einfache, leckere Pastagerichte. So haben wir immer wieder mal Nudeln übrig. Die kommen dann – zusammen mit dem Gemüse, das gerade im Kühlschrank ist – in dieses Gericht, das Niji besonders gerne zusammen mit seinem Opa isst.

(FÜR 4 PERSONEN)

400 g übrig gebliebene Nudeln
1 EL Olivenöl
½ Zwiebel, gehackt
1 Knoblauchzehe, gehackt
½ gelbe Paprikaschote, in Würfel geschnitten
½ Zucchini, in Scheiben geschnitten (alternativ: Stangensellerie)
½ Karotte, in Scheiben geschnitten
¼ Brokkolistrunk, in Bissengröße geschnitten, oder Brokkoliröschen
300 g Tomatensauce (siehe Rezept, S. 189)
10 schwarze Oliven
1 Handvoll frische Kräuter (Thymian, Rosmarin etc.)
1 Handvoll frische Petersilie, gehackt
1 Handvoll Parmesan, gerieben
200 g gut schmelzender Käse, gerieben (z.B. Gouda)
Salz und Pfeffer

ZUM GARNIEREN:
Frische Kräuter

Den Ofen auf 180 Grad vorheizen.

Das Olivenöl in einer großen Pfanne erhitzen. Zwiebel und Knoblauch hinzufügen und bei mittlerer Hitze goldbraun braten. Danach das Gemüse dazugeben und einige Minuten unter Rühren anrösten. Schließlich die Tomatensauce und die Kräuter unterrühren und mit Salz und Pfeffer würzen.

Falls der Nudelrest zusammenklebt: In einem großen Topf Wasser zum Kochen bringen, die Nudeln hinein geben und vorsichtig mit einem großen Kochlöffel umrühren, um sie voneinander zu trennen. Abgießen, in eine große Schüssel geben und sofort mit der Gemüse-Tomaten-Sauce und dem Parmesan vermischen.

Alles in eine feuerfeste Form umfüllen, mit dem geriebenen Käse bestreuen und so lange im Ofen überbacken, bis der Käse geschmolzen ist. Mit frischen Kräutern garnieren und sofort servieren.

MINI-FRITTATAS MIT ZUCCHINI

Als ich mit Niji schwanger war, habe ich viel über gesunde Ernährung gelesen und mich schlau gemacht, um sicher zu sein, dass ich mich so ernähre, dass es auch ihm gut tut. Natürlich war ich als Köchin auch schon dafür verantwortlich, dass meine Gäste etwas Gesundes bekommen – aber die Ernährung eines Kindes ist eine weitaus größere Verantwortung. Als Vegetarierin achte ich ganz besonders darauf, dass wir immer genügend Eisen und Eiweiß bekommen. Eine Frittata ist reich an Eiweiß, und sie schmeckt eigentlich jedem Kind. Sie können sie auch, je nach Saison, mit eisenhaltigem Gemüse wie Spinat oder Mangold zubereiten.

(FÜR 12 STÜCK)

1 Zwiebel, in Würfel geschnitten
1 Knoblauchzehe, gehackt
2 Zucchini, halbiert und in feine Scheiben geschnitten
1 EL Olivenöl
4 Eier
100 g Crème fraîche
100 ml Milch
75 g Parmesankäse, gerieben
1 Handvoll Petersilie, gehackt
Salz und Pfeffer
18 Kirschtomaten, in Hälften geschnitten
Öl zum Einfetten der Backform

Eine Muffin-Backform

ZUM GARNIEREN:
Gehackte Petersilie

Den Ofen auf 180 Grad vorheizen.

Das Olivenöl in einer Pfanne erhitzen. Zwiebel und Knoblauch etwa 3 Minuten darin unter Rühren anrösten. Die Zucchini hinzufügen, etwa 2 Minuten mitdünsten und leicht abkühlen lassen.

Die Eier in einer großen Schüssel verschlagen. Crème fraîche, Milch, Parmesan, Petersilie, Salz und Pfeffer unterrühren. Die Muffin-Backform mit Öl einfetten. Die Zwiebel-Zucchini-Mischung in die Mulden füllen und mit jeweils 3 Tomatenhälften garnieren. Im Backofen etwa 20 Minuten goldbraun backen.

Frittatas aus der Form lösen und sofort servieren, am besten mit einem frischen Salat.

NIJIS SALATBOOTE

Mein Sohn kocht ebenso gerne wie ich. Er liebt es, Gerichte zu erfinden – manchmal überrascht er sogar mich mit seinen unglaublichen Ideen. Wasser mit Erdbeeren, Zitrone und Minzeblättern, Mini-Pizzen mit Gesichtern aus verschiedenem Gemüse und Basilikum. Überhaupt, Basilikum! Niji liebt es. Saft mit Basilikum, Salat aus Basilikum, kleine Boote aus Basilikum, mit Tomate und Gurke gefüllt ... Seine einzige Kreation, die für meinen Geschmack nicht funktioniert hat, war der Schokokuchen mit Spiegelei. Ich fand die Idee trotzdem lehrreich, denn wir dürfen nie aufhören, neue Dinge auszuprobieren. In diesem Sinne: Willkommen, Schoko-Spiegelei-Kuchen! Kochen macht den meisten Kindern Spaß, wir als Erwachsene und Erzieher sollten sie dabei unterstützen und motivieren. Ich kann Ihnen nur empfehlen, mit Ihren Kindern zu kochen und mit Essen herumzuspielen – es hat so viele gute Auswirkungen auf ihre Ernährung und ihr Essverhalten. Niji zum Beispiel mag so gut wie alles, auch bitter oder scharf schmeckende Sachen wie in diesen Salatbooten. Vielleicht sind sie eine Anregung für Sie, gemeinsam mit Ihren Kindern in eine glückliche Ess-Zukunft zu segeln ...

(FÜR 4 PERSONEN)

4 Blätter Radicchio, ganz
125 g Karotten, in feine Stifte geschnitten
125 g Rettich, in feine Stifte geschnitten
125 g Mungobohnensprossen
10 g Ingwer, in feine Stifte geschnitten

FÜR DIE SALATSAUCE:
½ TL Salz
2 EL Reisessig
2 EL Agavendicksaft

ZUM GARNIEREN:
4 EL Orangensaft
4 EL Maracujasauce
Einige Schnittlauchhalme, halbiert
Einige Stängel Koriander
1 TL schwarzer Sesam

Die ganzen, unbeschädigten Radicchioblätter gut waschen. Mungobohnensprossen in kochendem Wasser blanchieren, bis sie transparent sind (etwa 1 Minute), anschließend mit kaltem Wasser abschrecken.

Karotten, Rettich, Sprossen und Ingwer vermischen. Salz, Reisessig und Agavendicksaft verrühren und das Gemüse damit anmachen.

Orangensaft und Maracujasauce verrühren und auf vier Teller verteilen. Jeweils ein Radicchioblatt in die Mitte des Tellers legen, die Gemüsemischung daraufsetzen. Einige Schnittlauchhalme darüberlegen und einen Korianderstängel als Fahne in die Mitte stecken. Mit schwarzem Sesam bestreut servieren.

Grundrezepte

DER PERFEKTE REIS

Reis ist die wichtigste Zutat der japanischen Küche. Ich selbst habe viele Monate dafür gebraucht, um die „Sprache des Reises" zu verstehen. Im Grund ist es nicht möglich, ein einfaches Rezept für den wirklich perfekten Reis zu geben – denn eigentlich braucht man sein ganzes Leben, um es herauszufinden ... Es geht darum, Kopf und Herz zu öffnen, den Reis zu erspüren und es selbst zu entdecken.

Ich kann Ihnen hier die Mengenverhältnisse von Reis und Wasser nennen, die normalerweise funktionieren. Allerdings variieren auch diese je nach Art des Reiskorns, nach Jahreszeit und Umweltbedingungen.

(FÜR 2 PERSONEN ALS HAUPTMAHLZEIT,
FÜR 4 PERSONEN ALS BEILAGE)

1 Tasse weißer Reis
1 Tasse Wasser
ODER:
1 Tasse Vollkornreis
3 Tassen Wasser

Ich wasche den Reis sieben Mal, bevor ich ihn koche. Dabei massiere ich die Reiskörner, gieße jedes Mal das trüb gewordene Waschwasser ab und wiederhole den Vorgang mit sauberem Wasser. Am Ende sollte das Wasser fast klar sein.

Bevor ich den Reis koche, weiche ich ihn im kalten Wasser ein – im Sommer etwa 10 Minuten, im Winter eine halbe Stunde. Nun mit geschlossenem Deckel auf großer Hitze zum Kochen bringen. Sobald das Wasser kocht, auf sehr kleine Hitze herunterschalten und den Reis köcheln lassen, je nach Sorte zwischen 12 und 15 Minuten. Anschließend mindestens zehn Minuten ruhen lassen.

Wichtig ist, den Reis beim Kochen sehr genau zu beobachten. Wenn kein Wasser mehr zu sehen ist und Bläschen an der Oberfläche erscheinen, sollten Sie die Ohren noch ein bisschen weiter aufsperren: Hören Sie genau auf den Reis. Dann wird er Ihnen sagen, wann er fertig ist ...

GEMÜSEBRÜHE

(ERGIBT CA. 1 LITER)
1 EL Olivenöl
½ Zwiebel, in Würfel geschnitten
½ Stange Lauch, in Würfel geschnitten
1 Karotte, in Würfel geschnitten
1 kleine Fenchelknolle, in Würfel geschnitten
8–10 Champignons
1 Stange Staudensellerie, in Würfel geschnitten
3 Tomaten, in Würfel geschnitten
3–4 Petersilienstängel, grob zerteilt
3 Knoblauchzehen, im Ganzen und leicht angedrückt
Etwa 20 schwarze Pfefferkörner
Gemüseschalen und Gemüsereste

Olivenöl in einem großen Topf mit dickem Boden auf mittlerer Hitze erwärmen. Zwiebel, Lauch, Karotte und Fenchel hinzugeben und 2 bis 3 Minuten andünsten. So viel kaltes Wasser hinzufügen, dass das Gemüse gut bedeckt ist.

Anschließend Champignons, Staudensellerie, Tomaten, Petersilienstängel, Knoblauch, Pfefferkörner und die Gemüseschalen und -reste unterrühren. Aufkochen und etwa 20 Minuten köcheln lassen.

Die Brühe durch ein Sieb abgießen und auf Zimmertemperatur abkühlen lassen. Dann entweder in den Kühlschrank stellen und innerhalb von drei Tagen verbrauchen oder in kleinen Portionen einfrieren.

TOMATENSAUCE

(ERGIBT CA. 0,5 LITER)

1 Zwiebel, fein gehackt
4 Knoblauchzehen, fein gehackt
4 große, sehr reife Tomaten, geschält und in grobe Stücke geschnitten
Kräuter nach Belieben: Thymian, Rosmarin, Oregano, Basilikum oder Petersilie
2 EL Olivenöl
1 EL brauner Zucker oder Agavendicksaft
Salz und Pfeffer

Das Olivenöl in einem Topf mit dickem Boden erhitzen. Zwiebel und Knoblauch darin glasig dünsten. Tomaten, Kräuter, Salz und Pfeffer dazugeben und nach Belieben kürzer (10 Minuten) oder länger (40 Minuten) kochen lassen. Je nach Kochzeit erhalten Sie eine fruchtige, leichte oder eine sämige, intensive Tomatensauce.

KOMBU-DASHI

(ERGIBT CA. 1,5 LITER)

4 TL Matcha-Pulver
Ca. 20 g getrockneter Kombu (siehe Glossar, S. 194)
1,5 l Wasser

Am Vorabend den Kombu in einen kleinen Topf mit Wasser geben und über Nacht (mindestens jedoch acht Stunden) bei Zimmertemperatur durchziehen lassen, damit sich sein Aroma entfalten kann.

Das Wasser mit dem Kombu auf mittlerer Hitze erwärmen, dabei immer wieder den Schaum abschöpfen. Den Topf vom Herd nehmen, kurz bevor das Wasser kocht, und etwas abkühlen lassen. Kombu herausfischen. Wenn das Kochwasser eine Temperatur von 80 Grad erreicht hat, das Matcha-Pulver einrühren und sofort servieren.

TONKATSU-SAUCE

250 ml Ketchup (ohne Zucker, mit Apfelsüße, Agavendicksaft oder Reissirup)
5 EL Shoyu (siehe Glossar, S. 195)
½ Apfel, gerieben
1 EL Zitronensaft
1 TL Muskatnuss, gemahlen

Alle Zutaten zu einer dickflüssigen Sauce verrühren.

INGWERSIRUP

300 g Ingwer, in Scheiben geschnitten
300 g Zucker
300 ml Wasser

Alles zusammen einkochen, bis ein dickflüssiger Sirup entstanden ist. Abkühlen lassen, abseihen und in eine saubere Flasche abfüllen.

GOMASIO

100 g schwarzer oder weißer Sesam
1 EL Salz

Eine große Pfanne erhitzen. Sesam und Salz hinein geben. Ständig in Bewegung halten, bis der Sesam zu duften und zu knacken beginnt. In einen Mörser füllen und grob zerkleinern. Danach vollständig auskühlen lassen und in einem sauberen, aromadicht verschlossenen Glas aufbewahren. Gomasio eignet sich zum Würzen von Onigiri und Reis, schmeckt aber auch auf Gemüse, Suppen und Salaten.

Einkauf und Aufbewahrung
von Lebensmitteln

DER EINKAUF

Keine Lebensmittel in den Müll zu werfen, das wird einfacher, wenn Sie sich schon beim Einkaufen an einige Regeln halten und diese möglichst in Ihren Alltag integrieren:

- Einen Überblick verschaffen, welche Lebensmittel Sie benötigen.

- Einen Einkaufszettel schreiben.

- Sich beim Einkaufen daran halten und Impulskäufe vermeiden.

- Beim Einkauf aufmerksam sein und auf die einwandfreie Qualität frischer Produkte achten.

- Verderbliche Waren so schnell wie möglich nach Hause bringen, eventuell eine Kühltasche verwenden.

- So weit wie möglich saisonale und regionale Produkte einkaufen.

- So oft wie möglich direkt beim Produzenten einkaufen und die ganze Ernte essen, also auch die „krummen Gemüse".

- Die meisten abgepackten Produkte sind länger haltbar als das angegebene Verfallsdatum sagt – also auch Produkte kaufen, deren Verfallsdatum naht, und verbrauchen.

ZU VIEL GEKAUFT (ODER GEERNTET)?

- Falls mehr Lebensmittel im Haus sind, als Sie essen können, diese mit Freunden oder Nachbarn teilen – oder mit Menschen, die sie brauchen können. Nützlich sind dabei die Plattformen von Foodsharing (foodsharing.de, foodsharing.at, foodsharingschweiz.ch).

- Lebensmittel haltbar machen: einfrieren, trocknen, einlegen oder einkochen (Rezepte in Kapitel 5).

DIE AUFBEWAHRUNG IM KÜHLSCHRANK

- Die richtige Temperatur einstellen und regelmäßig mit einem Thermometer kontrollieren: im mittleren Fach sollten es 5°C sein.

- Den Kühlschrank regelmäßig von Feuchtigkeit befreien und mit Essigwasser säubern.

- Die richtige Ordnung im Kühlschrank einhalten – von oben nach unten:
  Marmeladen, Konserven, Käse, Essensreste: oberes Fach
  Milchprodukte: mittleres Fach
  Fleisch, Fisch und Geflügel: auf der Glasplatte über dem Gemüsefach
  Salate und kälteverträgliches Gemüse und Obst: ganz unten im Gemüsefach
  Eier, Butter, Getränke: in der Kühlschranktür

DIE RICHTIGE LAGERUNG

Alle Lebensmittel halten länger, wenn sie richtig gelagert werden. Hier einige essenzielle Lagerungstipps für die wichtigsten Lebensmittel:

- *Brot und Gebäck:* Am besten in einer Brotbox aus Ton oder Emaille. Frisches Brot und Gebäck, das am selbenTag verzehrt wird, nur in Papier, damit es knusprig bleibt.

- *Essensreste:* Auf Zimmertemperatur abkühlen lassen, innerhalb von 2 Stunden in breiten, gut verschlossenen Gefäßen in den Kühlschrank stellen (oberes Fach).

- *Joghurt:* Im mittleren Fach des Kühlschranks, am besten auf den Kopf stellen, dann bleibt er länger haltbar.

- *Käse:* In Käsepapier oder einer Folie mit ein paar Löchern im Kühlschrank – Käse muss atmen können. Frischkäse braucht eine niedrige Temperatur (ca. 5° C), Hartkäse verträgt höhere Temperaturen.

- *Obst:* Nicht in den Kühlschrank kommen Ananas, Avocados, Bananen, Granatäpfel, Mangos, Melonen, Papayas und Zitrusfrüchte.
  Äpfel und Birnen besser nicht im Kühlschrank, aber kühl lagern. Beeren sollten in den Kühlschrank, wenn sie nicht schnell verbraucht werden (Schale dazu mit einer Folie abdecken). Reife Feigen, Kirschen, Kiwis, Aprikosen, Pfirsiche, Pflaumen und Weintrauben ebenfalls im Kühlschrank lagern. Rhabarber am besten locker mit einem feuchten Tuch bedecken.
  Wichtig: Obst getrennt vom Gemüse lagern, viele Obstsorten (u.a. Äpfel, Kiwis, Birnen, Aprikosen und Pfirsiche) sondern das Reifegas Ethylen ab und beeinträchtigen dadurch die Frische des Gemüses.

- *Gemüse:* Nicht in den Kühlschrank kommen Auberginen, grüne Bohnen, Gurken, Kartoffeln, Kürbis, Paprika, Tomaten, Zucchini und Zwiebeln.
  Zwiebeln und Knoblauch kühl und trocken in Tongefäßen lagern, Kartoffeln in Zeitungspapier eingeschlagen kühl und dunkel lagern.
  In den Kühlschrank sollten Blattgemüse wie Spinat und Mangold sowie Salate, am besten in ein feuchtes Küchentuch eingeschlagen, genauso wie Spargel und Artischocken. Erbsen, Brokkoli und alle anderen Kohlsorten, Kraut, Karotten und andere Wurzelgemüse, Rettich, Radieschen und Lauch gehören ebenfalls in den Kühlschrank. Eventuell vorhandenes Blattgrün am Gemüse vorher entfernen und verarbeiten.

- *Kräuter, frisch:* Leicht feucht und locker geschichtet in einem verschlossenen Glas- oder Plastikbehälter im Kühlschrank aufbewahren, am besten auf feuchtes Küchenpapier legen. Möglichst innerhalb weniger Tage verbrauchen.

- *Kräuter, getrocknet und Gewürze:* In lichtundurchlässigen, aromadicht verschließbaren Glasgefäßen an einem dunklen, kühlen Ort – also nicht direkt am Herd.

- *Trockene Lebensmittel:* Reis, Nudeln, Getreide, Hülsenfrüchte, Mehl, Salz, Zucker, Tees etc. möglichst kühl, trocken und dunkel lagern.

Bezugsquellen

Die meisten der in diesem Buch verwendeten Zutaten können Sie in Läden in Ihrer Nähe kaufen. Einige der Lebensmittel – speziell solche aus Brasilien und Japan – sind allerdings nicht überall zu bekommen, daher haben wir hier eine kleine Übersicht von Online-Shops mit einem empfehlenswerten Angebot zusammengestellt.

ALIVRARIA.DE
Bücher und CDs aus Brasilien, Portugal und Italien sowie ausgewählte brasilianische Lebensmittel (u.a. Bohnen, Maismehlflocken, Tapioka, Azeite de Dendê).

BRASIL-LATINO.DE
Umfangreiches Angebot von Produkten aus Brasilien und ganz Lateinamerika, u.a. Bohnen, Maniok, Maismehlflocken.

5ELEMENTE-VERSAND.DE
Breites Angebot an biologischen Lebensmitteln, auch eine Reihe von Eigenabfüllungen. Erhältlich u.a. Algen (Kombu, Hijiki, Nori, Wakame), verschiedene Miso-Sorten, Nudeln (Sōmen, Soba, Udon, Reisnudeln), getrocknete Shiitake-Pilze, Sojasaucen, Teriyaki-Sauce, Umeboshi.

LOJABRASILEIRA.CH
Umfangreiches Angebot von Produkten aus Brasilien, u.a. Bohnen, Maniok, Maismehlflocken, Palmöl (Azeite de Dendê).

MAKROBIOTIK.COM
Großes Angebot biologischer Lebensmittel, außerdem Haushaltsgeräte und Bücher. Erhältlich u.a. diverse Algen (Hijiki, Nori, Wakame, Kombu u.a.), Kuzu, verschiedene Miso-Sorten, Nudeln (Sōmen, Soba, Udon, Glasnudeln), Sake, Sesam, getrocknete Shiitake-Pilze, Sojasaucen, Sushi-Essig, Teriyaki-Sauce, Tofu (Seidentofu, Koja-Tofu), Umeboshi.

MAKROBIOTIK-PERLEN.DE
Breites Angebot biologischer Lebensmittel, auch Eigenabfüllungen japanischer Produkte, außerdem Haushaltsgeräte und Bücher. Erhältlich u.a. diverse europäische und japanische Algen (Hijiki, Nori, Wakame, Kombu u.a.), Kuzu, große Auswahl an Miso, Nudeln (Sōmen, Soba, Udon, Glasnudeln), selbst hergestellte Pickles und Würzpulver, Sake, Sesam, getrocknete Shiitake-Pilze, Sojasaucen, Sushi-Essig, Teriyaki-Sauce, Tofu (Seidentofu, Koja-Tofu), Umeboshi.

MAKROBIOTIK-SHOP.DE
Großes Angebot biologischer Lebensmittel, außerdem einige Haushaltsgeräte. Erhältlich u.a. diverse europäische und japanische Algen (Hijiki, Nori, Wakame, Kombu u.a.), Gomasio, Kuzu, Matcha, verschiedene Miso-Sorten, Nudeln (Sōmen, Soba, Udon, Glasnudeln), Pickles, Sake, Sesam, getrocknete Shiitake-Pilze, Sojasaucen, Sushi-Essig, Teriyaki-Sauce, Umeboshi.

NANUKO.DE
Großes Angebot an original japanischen und koreanischen Lebensmitteln, u.a. diverse Reissorten, Nudeln (Udon, Soba, Sōmen, Glasnudeln), Algen (Nori, Kombu, Wakame, Hijiki), Tofu, Miso, Sojasaucen, Okonomi-, Teriyaki- und Tonkatsu-Sauce, japanische Mayonnaise, Furikake, Mirin, Panko, Gochaguru-Pulver, Pickles, diverse Sushi-Zutaten, Matcha-Pulver. Einige Produkte auch in Bio-Qualität.

SMARTDELI.ORG
Japanisches Lokal mit angeschlossenem Shop mit einem breiten Angebot original japanischer Produkte. Lieferungen nur nach Berlin, Hannover, Dresden und Leipzig.

SPICEWORLD.AT
Gewürze und Spezialitäten aus der ganzen Welt, u.a. Tofu, Nori-Algen, getrocknete Shiitake-Pilze, Sojasaucen, japanische Mayonnaise, Umeboshi und Palmöl (Azeite de Dendê).

VICIOS-BRASILEIROS.DE
Großes Angebot von Produkten aus Brasilien: Lebensmittel (u.a. Bohnen, Maniok, Maismehl) und Getränke sowie Amazonas-Naturprodukte.

Glossar

ABURAAGE: Aburaage ist ein in dünne Scheiben geschnittener und dann doppelt frittierter Tofu. Er wird als Suppeneinlage in Udonsuppen verwendet oder aufgeschnitten und gefüllt als Inari-Sushi (gefüllte Tofutasche) serviert.

AZEITE DE DENDÊ: Azeite de Dendê, das rote Palmöl, ist eine der wichtigsten Ingredienzien der brasilianischen Küche, vor allem der afrikanisch beeinflussten Küche von Bahia. Es wird aus dem Fruchtfleisch der leuchtend roten Früchte der Afrikanischen Ölpalme gewonnen, die zusammen mit den vielen Millionen afrikanischer Sklaven, die nach Brasilien verschleppt wurden, ins Land kam. Palmöl hat eine orangerote Farbe, ein ganz spezielles, unverwechselbares Aroma und ist reich an den Vitaminen A und E. Beim Einkauf auf nachhaltige Produktion und unbehandelte Qualität achten.

CARIOCA-BOHNE: Die „Feijão Carioca" ist eine kleine, aromatische grau-braun gesprenkelte Bohne, der Wachtelbohne verwandt. In Brasilien ist sie die beliebteste Sorte. In vielen brasilianischen Familien gibt es täglich Reis und Bohnen.

CHAYOTE: Ein grün-gelbes, birnenförmiges Gemüse mit einer schrumpelig wirkenden Schale, einem essbaren Kern und blassgrünem, leicht süßlich schmeckendem Fruchtfleisch – der Geschmack liegt zwischen Gurke, Kartoffel und Kohlrabi, je nach Sorte. Sie ist mit Gurke, Zucchini und Kürbis verwandt, wächst in Südamerika und ist hier während der Wintermonate erhältlich. Chayotes sollten sich hart anfühlen, wie ein Kohlrabi – wenn sie

weich werden, sind sie nicht mehr gut. Man kann sie mit der Schale, roh oder gekocht essen.

FARINHA DE MILHO AMARELA: Gelbes Maismehl in Flocken, das in der brasilianischen Küche für den Cuscuz Paulista (siehe Rezept, S. 19), Mais-Farofa und Maismehlkuchen verwendet wird.

FURIKAKE: Was den Europäern Salz und Pfeffer, ist den Japanern Furikake. Diese leicht knusprige, aromatische Würzmischung wird über Reis und andere Gerichte gestreut. Es gibt sie in vielen Varianten, üblicherweise besteht Furikake aus getrocknetem Fisch, Fleisch, Gemüse oder Shrimps, weißem Sesam, Sojasauce, Seetang, Zucker und Salz. Oft sind auch Geschmacksverstärker, Trockenei und alle möglichen anderen weniger appetitlichen Zusatzstoffe enthalten, daher beim Einkauf darauf achten, was drin ist, oder am besten gleich vegetarisches Furikake nehmen.

GOCHUGARU: Milde bis leicht scharfe Chiliflocken aus Korea, die für die Herstellung von Kimchi unverzichtbar sind. Gochugaru hat leicht rauchige, fruchtig-süße Geschmacksnoten.

HANA-UME: Ein Produkt, das es in dieser Form nur in der japanischen Gemeinde Brasiliens gibt: In Essig, Salz und Zucker eingelegte Blütenblätter der Roselle, einer Hibiskusart. Es wurde von den japanischen Immigranten ursprünglich als Ersatz für die echten japanischen Umeboshi (siehe S. 196) entwickelt. Hana-ume kann nur über den brasilianischen Handel bezogen werden.

HIJIKI: Gehört zur Familie der Braunalgen. Sie wächst am besten an der felsigen Pazifikküste Ostasiens, vom Meer umspült, aber zugleich mit viel Sonnenlicht. Hijiki werden im Frühjahr von Hand geerntet, dann getrocknet, gedämpft und erneut getrocknet. Sie schmecken intensiv nach Meer und Fisch und haben ein leichtes Anisaroma. In Japan werden der Alge wegen ihres Reichtums an Mineralstoffen eine ganze Reihe positiver Wirkungen auf die Gesundheit zugeschrieben, in einigen westlichen Ländern wird dagegen aufgrund ihres hohen Jod- und Arsengehalts vor einem zu üppigen Verzehr des Meeresgemüses gewarnt. Hijiki vor der Zubereitung unter fließendem Wasser sorgfältig säubern, dann in Wasser einweichen.

JAPANISCHE MAYONNAISE: Japanische Mayonnaise enthält deutlich weniger Öl, dafür mehr Eigelb als die europäische Mayo, außerdem ist sie mit mildem japanischem Reisessig gewürzt. In Japan wird Mayonnaise erst seit den 1920er-Jahren hergestellt – ein für das japanische Landwirtschaftsministerium reisender junger Mann hatte sie in Amerika und Europa kennengelernt und nach Hause mitgebracht. Heute ist sie, vor allem bei jungen Leuten, außerordentlich beliebt. Der älteste und beliebteste Produzent ist die Firma Kewpie.

KLETTENWURZELN: Klettenwurzeln, auf Japanisch *Gobo*, sind die Wurzeln der Großen Klette. Sie kommt in Europa als Wildpflanze vor, in Japan und Korea gibt es dagegen eine Zuchtform mit langen, essbaren Wurzeln, die, als Gemüse geschmort oder eingelegt, sehr beliebt sind. Die Wurzeln werden geerntet, bevor die Pflanze blüht. Klettenwurzeln haben einen leicht erdigen Geschmack, der an Artischocken oder Topinambur erinnert. Mittlerweile bauen erfreulicherweise auch hier einige Bio-Bauern diese schmackhaften, mineral- und ballaststoffreichen Wurzeln an. Klettenwurzeln vor der Zubereitung waschen, die Schale unter fließendem Wasser (damit die Wurzeln nicht braun werden) mit einem Messer abschaben.

KOMBU: Kombu oder Kelp ist eine riesige Braunalge. Er wächst auf dem Meeresgrund und bevorzugt klare, kalte Gewässer. Von besonders hoher Qualität ist der vor Hokkaido wachsende wilde Kombu von 5 bis 10 Metern Länge, aber Kelp aus der Bretagne ist auch gut und hier frisch zu haben. Kombu aus Japan ist bei uns nur in getrockneter Form erhältlich. Kombu schmeckt leicht nach Fisch und je nach Herkunft eher mild und süßlich oder eher kräftig, er enthält viel Jod, Calcium, Eisen und Provitamin A. Aus Kombu lässt sich eine hervorragende vegetarische Brühe herstellen (siehe Rezept, S. 189). Beim Einkauf darauf achten, dass der Kombu kräftig ist, eine sehr dunkle, fast schwarze Farbe hat und einen weißen, pudrigen Belag.

KUZU: Das Mehl aus der Wurzel einer asiatischen Heil- und Gemüsepflanze. Kuzu wird in der japanischen Küche zum Andicken von Saucen und Suppen und als Bindemittel verwendet. Er hat viele positive Wirkungen auf die Gesundheit: Er stärkt die Abwehrkräfte und hilft bei Gastritis, Reizdarm und Sodbrennen.

MALAGUETA-CHILI: Malagueta stammt aus dem Amazonas-Becken und ist die gebräuchlichste Chiliform Brasiliens. Die Pflanzen werden bei uns 30 bis 50 Zentimeter hoch, die roten Früchte maximal 5 Zentimeter lang.

Der Malagueta gehört zu den schärfsten Chilisorten und eignet sich sehr gut zum Einlegen und zum Trocknen.

MISO: Miso wird hergestellt, indem gedämpfte Sojabohnen – für einige Sorten auch Sojabohnen mit gedämpftem Reis oder mit Gerste – mithilfe des Koji-Schimmelpilzes fermentiert und zu einer Paste verarbeitet werden. Die gebräuchlichsten Formen sind weißes (*aka miso*) und rotes Miso (*shiro miso*). Weißes Miso ist kürzer fermentiert, eher süß und feiner im Geschmack, das kräftige rote Miso ist länger vergoren und salzig.

MOCHIKO: Reismehl aus „süßem“, fein gemahlenem japanischem Klebreis, das unter anderem als Bindemittel für Saucen und zur Herstellung von Mochis verwendet wird.

MOYASHI: Der japanische Name für Bohnensprossen, die in der japanischen Küche sehr beliebt sind – meistens aus Mung- oder Sojabohnen.

NORI: Nori sind aus einer Reihe verschiedener Rotalgenarten hergestellte getrocknete Blätter. Die Algen werden im Herbst geerntet, in Süßwasser gespült und dann zerkleinert. Anschließend werden sie gepresst und getrocknet, meist in Trockenkammern. Lediglich sehr hochwertige Nori-Produkte werden in der Sonne getrocknet. Yaki-Nori werden außerdem geröstet, Ajitsuke-Nori mit Sojasauce gewürzt und geröstet. Beim Einkauf darauf achten, dass die Blätter kräftig, schwarz und glänzend sind.

PALMHERZEN / PUPUNHA: Palmherzen oder *Palmitos* werden aus dem sogenannten Vegetationskegel bestimmter Palmensorten gewonnen, der sich am oberen Ende einer Palme

befindet – pro Palme etwa 500 Gramm. Die Palmen müssen dafür gefällt werden. Lediglich Pfirsichpalmen, die Pupunhas, die mehrere Triebspitzen haben, können nach Entfernung des Vegetationskegels weiterleben – daher beim Einkauf diese Sorte bevorzugen. Bei uns sind Palmherzen nur eingelegt in Salzlake in Dosen und Gläsern erhältlich. Palmherzen sind ein wunderbares Gemüse, und ich vermisse sie sehr. Ich empfehle allerdings, sie nur in Ausnahmefällen zu verwenden. Für Palmherzen gibt es eigentlich keinen gleichwertigen Ersatz, noch am besten funktioniert weißer Spargel.

PANKO: Japanisches Paniermehl, das aus Weißbrot ohne Kruste hergestellt wird. Daher ist es leichter als unsere Semmelbrösel und wegen seiner etwas gröberen, flockenartigen Struktur ergibt es eine knusprige Schicht. Beim Einkauf darauf achten, dass das Panko keine Zusatzstoffe (wie Glutamat oder Aromastoffe) enthält.

PIMENTA DE CHEIRO: Eine in Brasilien sehr verbreitete Chilisorte (botanischer Name *Capsicum chinense Jacquin*) mit kleinen (ca. 2,5 Zentimeter Durchmesser), runden orangefarbenen Früchten mit großer Schärfe und einem besonderen Aroma.

PIMENTA-DEDO-DE-MOÇA: Ebenfalls eine in Brasilien sehr beliebte Chilisorte (botanischer Name *Capsicum baccatum var. Pendulum*) mit recht großen (ca. 7 Zentimeter langen), länglichen roten Früchten. Diese Chilisorte ist eher mild.

SHOYU: Shoyu ist eine traditionelle japanische Sojasauce, die aus Sojabohnen, Weizen, Meersalz und Wasser besteht und etwas milder im Geschmack ist als Tamari, die keinen Weizen enthält. Für Shoyu werden Sojabohnen und Weizen gemahlen, mithilfe des Koji-Schimmelpilzes fermentiert und anschließend mit Wasser und Salz in Holzfässern vergoren. Dieser Vorgang kann 2 bis 3 Jahre dauern – falls die Sojasauce noch auf traditionelle Weise hergestellt wird. Bei den industriell hergestellten Saucen wird mit Sojamehl und Chemie gearbeitet, und es findet keine Fermentation statt – daher beim Einkauf traditionell hergestellte Bio-Produkte bevorzugen.

SŌMEN: Lange, feine Fadennudeln mit einem runden Querschnitt, die aus Buchweizen- oder aus Weizenmehl hergestellt sind. Sie werden oft mit gedünstetem Gemüse serviert, zu gebratenem, mit Shoyu mariniertem Tofu und Nori. Man kann sie aber auch sehr gut gekühlt essen wie in unserem Rezept (siehe S. 18).

TONKATSU-SAUCE: Eine in Japan äußerst beliebte Sauce, die in keinem Haushalt fehlt – und auf keiner Party. Sie wird zu Okonomiyaki, Yakisoba, gegrilltem Gemüse und Tofu serviert. Die bekannteste stammt von der Firma Bulldog, es gibt aber auch Produkte in Bio-Qualität. Unser Vorschlag: Tonkatsu-Sauce selbst machen (siehe Rezept, S. 189).

UMEBOSHI: In Salz eingelegte fermentierte und anschließend im Freien getrocknete japanische Ume-Früchte. Nach der Trocknung wandern sie wieder in den Sud, der bei der Gärung entstanden ist und kommen schließlich, zusammen mit Shisoblättern, zur Reifung für 1 bis 2 Jahre in Fässer. Ume sehen so ähnlich aus wie unsere Aprikosen. Umeboshi können jahrelang aufgehoben werden und werden mit der Zeit immer besser. Sie haben eine antiseptische Wirkung und sind, in die Mitte eines Onigiri gedrückt, ein beliebter Bestandteil jeder Bentobox.

WAKAME: Eine in Japan besonders beliebte Braunalgenart, die wild geerntet, aber auch an langen Seilen kultiviert wird. Wakame sind getrocknet erhältlich, sie werden vor der Zubereitung in kaltem Wasser eingeweicht und als Zutat der Miso-Suppe serviert oder als Salat.

Die meisten der hier genannten Zutaten aus Japan sind in japanischen Läden oder in gut sortierten Asienshops in Ihrer Stadt erhältlich – leider führen diese Läden die Produkte meistens nicht in nachhaltiger und Bio-Qualität, ganz im Gegenteil. Einige der Zutaten, etwa die unterschiedlichen Algen, Miso und Sojasauce, bekommt man allerdings in Bio-Qualität in Bio-Märkten oder übers Internet (siehe Bezugsquellen, S. 192). Die aus Brasilien stammenden Zutaten gibt es in spezialisierten Shops zu kaufen oder ebenfalls übers Internet (siehe Bezugsquellen, S. 192).

Rezept- und Stichwortverzeichnis

Das Team

TAINÁ GUEDES

Tainá Guedes ist ausgebildete Köchin und Food-Aktivistin, Künstlerin und Autorin. Sie gründete und leitet die Entretempo Kitchen Gallery in Berlin und hat die „Food Art Week" Berlin und Paris ins Leben gerufen. In den letzten Jahren initiierte Tainá viele verschiedene Projekte, in denen es um die Verbindung von Kunst und Essen geht, u.a. „Share your Food" und „Kochen und Quatschen". Zahlreiche Installationen, u.a. „Food ways" (2014), „Luxo, lixo" (2015), „My banana republic roots" (2015). 2013 erschien ihr erstes Kochbuch *Kochen mit Brot* (Oekom Verlag).

ENTRETEMPO-KITCHEN-GALLERY.COM

IARA GUEDES

Iara Guedes ist freischaffende Künstlerin mit den Schwerpunkten Animation und Performance. Sie wurde in São Paulo geboren und studierte Kunst und Kommunikation, Digitalregie und Character Animation. Seit 2014 lebt Iara in Berlin und arbeitet daran, das japanische Tanztheater Butoh mit Video- und Animationskunst und visuellen Effekten zu verknüpfen.

CARGOCOLLECTIVE.COM/IARA_GUEDES

KATHRIN KOSCHITZKI

Kathrin Koschitzki ist eine in München lebende Fotografin, die leidenschaftlich gerne isst und mit ihren Fotos Geschichten erzählt. Sie hat Mediendesign und Fotografie studiert und danach eine Pâtisserie-Ausbildung an der renommierten Pariser Gastronomie-Hochschule Ferrandi absolviert. Kathrin arbeitet als freie Fotografin für viele internationale Magazine (u.a. *Greenpeace Magazine, Kinfolk, The Weekender, Cereal, Salon, Seasons, Food and Wine, Nido, Myself*) und Auftraggeber (u.a. AEG, Veltins, Jung von Matt, MPREIS).

PHOTISSERIE.DE

EVA GONÇALVES

Eva Gonçalves ist Artdirektorin und Grafikdesignerin, sie stammt aus Portugal und lebt in Berlin. Eva ist Redakteurin und gelegentliche Autorin beim internationalen Interviewmagazin *mono.kultur*. Während der letzten Jahre hat sich Editorial Design zu ihrem Schwerpunkt entwickelt, was ihre Vorliebe für alles Gedruckte widerspiegelt. Sie arbeitet für verschiedene Buchverlage, Modemagazine, Künstler, kulturelle Stiftungen und NGOs.

UNFINISHEDINVENTORY.COM

Dankeschön!

Vielen herzlichen Dank an meine Familie – besonders an meine Mutter, meinen Vater, meine Schwester, meinen Sohn, Thomi und Familie Meyer.

Vielen herzlichen Dank an all meine Freunde und Unterstützer, vor allem Pedro Jardim, Oliver Fuchs, Yuki Nishikawa, Karinna Coelho, Viviane Schuch, Maite Proutierre, Luz Morena, Loira, Duccio Cipriani, Thais Canali Fumis, Karin and Stanislaw Giersig, Erdmute Nickel, Camila Soares, Lynn Peemoeller, Marion Kuska, Seseg Jigjitova, Krishna Kumar, Svea Schildmann, Sigrid Brauer, Wanda and Edinho Engel, Samantha Leiva, das Team und die Community der Entretempo Kitchen Gallery, Javier Blanco Chiocchio, Lenara Verle, Ilan Katin, Laura Stresing, Luiza Arcuschin, Naoko Yasukochi, Amadeus Lindemann, Jean Paul Ganem, Anelor Robin, Ivona Pelaji, Mariona Sole, Camilla Gonzatto, Lise Uduak, Christine Utterberg, Christian Heymann/SpeiseGut, Antonio Rilling, Mark Andre Pennock, Pepe Dayaw, Christina Werner, Ulrich Nowikow/Grüne Liga, Duk Hee, Andrzej Raszyk, kate-hers RHEE, Pierre Sanner, Nadja Flohr-Spence, Nele Follin, Uli Westphal, André Vallias, Augusto und Cid Campos, Ernesto Estrella, Mihret Kebede Alwabie, Barbara Schmidt, Michael Fesca, Sarmishta Pantham, Rike Scheffler, Ines Lechleitner, Ines Lauber, Marianne Utz, Christoph Büscher, Kay Lübke, An Paenhuysen, Alexander Gruner, Elizaveta Barsegova , Joanne Pounzec, Ricardo Behrens, Eszter Imre, Pamela Dorsch, Nina Cavalcanti, Tuca Paoli, Suzi Fracassa, Anke Kähler/Die Bäcker, Oekom Verlag, Alexis Goertz/Edible Alchemy, Cathrin Brandes, Martin Meggle, das Team des Contemporary Food Lab, Kato San/Nippon-Kan und das Team des Nippon-Kan, Kaori Miyata, Beate Scheder, Klaus Pichler.

Herzlichen Dank an die Sponsoren meiner Galerie: Joachim Weckmann/Bäckerei Märkisches Landbrot, Ole Ekhoff und Gianna Main/Lemonaid, ChariTea, Stefan Pätzold/Rheinsberger Preussenquelle, Claudio Vietta/Leef.

Ein großes Dankeschön an das Team, das an diesem wunderbaren Projekt mitgearbeitet hat: Heike Bräutigam/Verlag Antje Kunstmann. Iara Guedes. Kathrin Koschitzki und ihre Assistentin Katharina Pflug. Eva Gonçalves.

Und danke an alle, die an meine Arbeit glauben, und all jene Ungenannten, die für mich wichtig waren, mit mir zusammengearbeitet, mich unterstützt und inspiriert haben. Ich danke Euch von Herzen!

Für dieses Buch wurden ausgesuchte Porzellan- und Keramikarbeiten verwendet.

Es handelt sich dabei zum einen um Entwürfe der Designerin *Barbara Schmidt* für KAHLA (Seiten 15, 17, 25, 53, 55, 57, 59, 62, 64, 65, 79, 81, 105, 127, 129, 133, 151, 161, 169, 175, 183, 185) und der Künstlerin und Keramikerin *Carolin Wachter* (Seiten 32/33, 107, 177).

Zum anderen werden Arbeiten junger Designstudentinnen und -studenten vorgestellt, die im Rahmen des von Barbara Schmidt initiierten und betreuten Projekts TABLE TOOLS unter Beteiligung von Tainá Guedes und Michael Fesca in Zusammenarbeit mit KAHLA an der Weißensee Kunsthochschule Berlin entstanden sind. Zu sehen sind Arbeiten von *Alexandre Bailly* (Seiten 63, 64, 65, 93, 95, 165), *Janis Gildein* (Seiten 47, 77), *Laura Görs* (Seiten 21, 23, 41, 103, 123, 148, 159), *Laura Görs/Sans Cuillière* (mit *Maria Braun, Natascha Unger, Idalene Rapp*, Seiten 106, 144, 167), *Lilith Habisreutinger* (Seite 43), *Franziska Land* (Seiten 32/33, 87, 125), *Qianyu Zhu* (Seiten 64, 65) und *Bruno Ziebell* (Seite 113).

Einige der Rezepte in diesem Buch (Seiten 14, 75, 80) sind bereits in Tainá Guedes Kochbuch *Kochen mit Brot* erschienen. Entnommen mit freundlicher Genehmigung des Oekom Verlags.

Ein Rezept (Seite 74) ist bereits in *Comfort Zone. Berlin Cookbook* erschienen. Entnommen mit freundlicher Genehmigung der unabhängigen Verleger des Buches, Anna Réka Baktay and David Ariel Szauder.

Idee und Konzept, Texte und Rezepte: Tainá Guedes
Fotografie Porträts und Mood: Iara Guedes
und Javier Blanco Chiocchio (Seite 134)
Coverfoto: Iara Guedes und Javier Blanco Chiocchio
Fotografie Rezepte und Zutaten: Kathrin Koschitzki
Art Direktion und Gestaltung: Eva Gonçalves
Konzept und Lektorat: Heike Bräutigam

Lithographie: Reproline Genceller
Druck und Bindung: L.E.G.O. Vicenza
Papier: Magno Volume (PEFC certified)